Heinz Eckhoff

Rudolf Steiners Aufgabe
unter den großen Eingeweihten

Heinz Eckhoff

Rudolf Steiners Aufgabe
unter den großen Eingeweihten

Gedanken zur Bodhisattva-Frage

J. Ch. Mellinger Verlag Stuttgart

ISBN 3-88069-353-6
© 1997 J. Ch. Mellinger Verlag Stuttgart
Gesamtherstellung: Wiener Verlag, Himberg bei Wien

Inhalt

Vorwort

Schon in meiner Studienzeit beschäftigte mich die Frage, wer war Rudolf Steiner und wie ist seine geistige Entwicklung zu verstehen, daß er die Anthroposophie als Geisteswissenschaft in unserem Jahrhundert inaugurieren konnte? Gehört er selbst zu dem Kreis der großen Eingeweihten, die von ihm als »Lehrer der Menschheit« oder mit einem aus der östlichen Philosophie genommenen Ausdruck, als »Bodhisattvas«, bezeichnet werden?

Im Laufe meines Lebens verdichtete sich die Arbeit an dieser Thematik, und in den vergangenen Jahren hatte ich oftmals die Möglichkeit, in Vorträgen und Kursen über die Bruderschaft der großen Eingeweihten zu sprechen. Ihr Wirken muß in der gegenwärtigen Zeit von Menschen erkannt und aufgenommen werden.

Rudolf Steiner hat so Wesentliches über die Bodhisattvas ausgesagt – auch noch zur Vorbereitung der Weihnachtstagung 1923 –, daß schon allein aus diesem Grunde den Lehrern der Menschheit das sorgfältigste und tiefste Interesse entgegengebracht werden müßte. Denn diese Individualitäten, die die Menschheit auf ihrem Entwicklungsweg begleiten und impulsieren, verkörpern sich fast in jedem Jahrhundert. Wird nicht in der großen Entscheidungszeit um die Jahrtausendwende Rudolf Steiner zusammen mit anderen großen Individualitäten der Weltgeschichte auftreten und, wie er einmal sagte, zur Rettung der Erdenzivilisation vor dem endgültigen Zerfall einen entscheidenden Beitrag leisten? Im Hinblick auf diese Entscheidungszeit ist das Folgende – zu dem mich viele Zuhörer aufgefordert haben – niedergeschrieben. Dabei bin ich mir bewußt, daß bei einem so umfassenden Thema Fragen offenbleiben, ja sich bei tieferem Eindringen in diesen Themenkreis immer neue Fragen auftun. Auch stehen viele Einwände anthroposophischer Persönlichkeiten dem

7

hier Dargestellten entgegen. Ich möchte aber aufzeigen, daß die Geisteswissenschaft Rudolf Steiners nicht vom Lehrer der Menschheit, dem gegenwärtig führenden Bodhisattva, zu trennen ist und daß es mir daher notwendig erscheint, auf die Bodhisattva-Frage aus der Erkenntnis der Anthroposophie eine Antwort zu finden.

Im März 1930 hat Adolf Arenson in einem damals vielbeachteten Vortrag auf Rudolf Steiner als den Bodhisattva hingewiesen, zugleich auf die Gefahr, daß der Bodhisattva in unserem Jahrhundert nicht erkannt wird. Die Auseinandersetzungen, die sein Vortrag und die daraufhin erfolgten Entgegnungen Elisabeth Vreedes auslösten, sind bis heute nicht abgeklungen.[1] Die Auffassungen über die Wesenheit eines Bodhisattva und vor allem die Frage, wer der Bodhisattva des 20. Jahrhunderts ist, gehen weit auseinander. Für einen Lehrer der Menschheit, der in der Öffentlichkeit zu wirken hat, ist es aber von Bedeutung – und für die Anthroposophische Gesellschaft Karma bildend –, ob er in seinem Wesen erkannt wird.

Zu einem Verständnis dieser hohen Individualitäten kommt man, wenn man berücksichtigt, daß Rudolf Steiners Ausführungen über die Bodhisattvas drei Aspekte ihres Wesens enthalten. Meines Erachtens kommt es zu den divergierenden Auffassungen in der Bodhisattva-Frage, weil diese unterschiedlichen Aspekte nicht genügend berücksichtigt werden. Möge der Leser die folgenden Ausführungen als Material und Anregung zum eigenen Studium nehmen.

Das hier Vorgelegte setzt Grundkenntnisse der Anthroposophie voraus. Für einen »Unvorbereiteten« erhoffe ich, daß er, nicht zuletzt wegen der vielen direkten Aussagen Rudolf Steiners,

---

1 Arenson Adolf, Vortrag vom 30. März 1930, Manuskriptdruck, Neuauflage Heft 2, Rudolf Steiner und der Bodhisattva, Freiburg
Elisabeth Vreede – Thomas Meyer, »Die Bodhisattvafrage«, Pegasus Verlagsbuchhandlung Basel 1989

einen Eindruck von der Aufgabe jener Persönlichkeit erhält, die in unserer Zeit Lehrer der Menschheit ist.

Für das Zustandekommen dieser Seiten möchte ich zwei Menschen meinen besonderen Dank aussprechen: Wolfgang Neumann, der durch seine Mitschriften von Vorträgen und Seminaren den Anstoß zu einer Veröffentlichung gegeben hat, und Anke Lorenz, die mir bei der Niederschrift stets hilfreich zur Seite stand.

Vreden, im Mai 1997   Heinz Eckhoff

I. Die geistige Führung der Menschheit durch die großen Eingeweihten

»Wenn eine solche Wesenheit ein Bodhisattva, Buddha oder Meister wird, so bedeutet das eine innere Entwicklung, nur eine höhere, die jeder Mensch durchmachen kann. Eine esoterische Schulung des Menschen ist nur der Anfang dessen, was zum Buddha-Werden führt.«
Lugano, 17. September 1911, GA 130

Wer ist Rudolf Steiner?

Studenten der anthroposophischen Studentengruppe in Jena, zu denen auch Ernst Lehrs gehörte, stellten 1921 an Rudolf Steiner schriftlich die Frage, ob er der Bodhisattva des 20. Jahrhunderts sei. Als sie ihn später in Dornach aufsuchten, entschuldigten sie sich für die so persönlich gestellte Frage. Seine Antwort jedoch war: »Sie wollten ja unbedingt wissen, ob ich der Bodhisattva des 20. Jahrhunderts sei. Wenn jemand wirklich weiß, was ein Bodhisattva ist, erkennt er ihn auch. Sonst ist es doch nur ein Name.«[2] Damit »Bodhisattva« nicht nur ein Name bleibt, sollen aus den

---

2   1921 nahmen Studenten in Jena, zu denen auch Ernst Lehrs gehörte, an mediumistischen Sitzungen einer Frau Wiegand teil und stellten u. a. die Frage, ob Rudolf Steiner der Maitreya-Buddha sei.
Darauf hat das Wesen, das durch Frau Wiegand sprach, ausweichend geantwortet. Rene Maikowski berichtete mir in einem Brief Dezember 1987: »Die Studenten kamen nach Dornach und besuchten Dr. Steiner. Sie entschuldigten sich vor allem bei ihm, weil sie so nach ihm gefragt hätten. Dr. Steiner lächelte und sagte: ›Sie wollten es ja unbedingt wissen. Wenn jemand wirklich weiß, was ein Bodhisattva ist, erkennt er ihn auch. Sonst ist es doch nur ein Name.‹«

Quellen Rudolf Steiners die Wesensmerkmale, die einen Bodhisattva ausmachen, dargestellt werden.

Rudolf Steiner hat in den Jahren 1910, 1911 und 1912 immer wieder über die Persönlichkeit gesprochen, die in unserem Jahrhundert der Lehrer der Menschheit, der Bodhisattva, ist. Bodhisattva ist eine Würde, die mit einer menschlichen Individualität in allen Inkarnationen verbunden bleibt. In den Vorträgen wird Bodhisattva mit »Lehrer der Menschheit« übersetzt. Es gibt in unserem Planetensystem eine Gemeinschaft, der zwölf Bodhisattvas angehören und die sich in den sieben nachatlantischen Kulturepochen – in jeweils größeren Zeiträumen – in der geistigen Führung abwechseln.

Eine Individualität unter den Zwölfen hat das Amt eines Lehrers der Menschheit. Er wirkt in der Öffentlichkeit, die anderen begleiten ihn und vollziehen ihre Mission im verborgenen. Ein Bodhisattva, der Gautama Buddha, ist besonders durch die Entwicklung des »achtgliedrigen Pfades« bekannt geworden. Er war dreitausend Jahre Lehrer der Menschheit und wurde in seiner letzten Inkarnation im 6. vorchristlichen Jahrhundert zur Buddha-Würde erhoben. Sein Nachfolger ist der gegenwärtig führende Bodhisattva. Er hat in einem Zeitraum von fünftausend Jahren die Aufgabe, die Menschheit in ihrer geistigen Entwicklung zu begleiten und zu impulsieren. Die Merkmale, an denen der Bodhisattva zu erkennen ist, sollen hier – kurz zusammengefaßt – so aufgezeigt werden:

Er ist in unserem Jahrhundert der Verkünder des Wiedererscheinens des Christus in ätherischer Gestalt. In den nächsten dreitausend Jahren wird er den Menschen die wesentlichen Begriffe über die Christus-Wesenheit geben.

Er wird keinen Vorverkünder haben und auf sich allein gestellt sein. Aus der Kraft seiner Persönlichkeit wird er Menschen überzeugen.

Er wird sich im dreiunddreißigsten Lebensjahr in seiner besonderen Mission zu erkennen geben.

12

Diese genannten Merkmale stehen in den Vorträgen »Das esoterische Christentum und die geistige Führung der Menschheit« (GA 130). Viele Menschen kommen beim Lesen dieser Vorträge spontan zu der Auffassung, daß Rudolf Steiner der Bodhisattva des 20. Jahrhunderts sein müßte. Wenn man jedoch aus einer Überschau des gesamten Vortragswerkes erfassen will, was ein Bodhisattva ist, so ergeben sich Schwierigkeiten des Verständnisses, da Rudolf Steiner von verschiedenen Ebenen aus die Wesenheit des Bodhisattva darstellt. Dieses ist ein Grund, wodurch unter den Persönlichkeiten, die sich mit der Bodhisattva-Frage auseinandersetzen, unterschiedliche Auffassungen entstanden. Immer wieder wird in Publikationen von dem Bodhisattva als einem hierarchischen Wesen gesprochen, das sich nicht inkarniert.

So sagt zum Beispiel Bernard Lievegoed in der Schrift »Über die Rettung der Seele«[3]: »Ein Bodhisattva verkörpert sich nicht als Mensch, sondern er wirkt von der geistigen Welt aus auf bestimmte menschliche Individualitäten ein. Die Geisteswissenschaft spricht in diesem Zusammenhang von ›Inkorporationen‹. Die menschlichen Individualitäten, die dafür von einem Bodhisattva auserwählt werden, müssen natürlich einen geistigen Reifegrad erreicht haben, um eine solche Inkorporation zu ermöglichen. Erst am Ende eines Zeitraumes von 5000 Jahren inkarniert sich dann der Bodhisattva einmal in einem menschlichen Körper, um damit den geistigen Rang eines Buddha zu erlangen.« Für Bernard Lievegoed ist Rudolf Steiner nicht der Bodhisattva.

Die Frage, ob der Bodhisattva eine menschliche Individualität ist, die unter Menschen auf der Erde lebt und in seiner Persönlichkeit erkannt werden kann, oder ob der Bodhisattva eine Erz-

---

3 Bernard Lievegoed, »Über die Rettung der Seele«, Verlag Freies Geistesleben, Kapitel (Der erste Tag)

engel-Wesenheit ist, die den menschlichen Eingeweihten, der den ätherischen Christus verkündet, inspiriert, diese angedeutete Problematik wird von vielen für das Verständnis der Anthroposophie als nicht entscheidend angesehen; denn daß Rudolf Steiner zu den menschlichen Eingeweihten gehört, darüber herrscht weitgehend Übereinstimmung.

Sein Wirken in unserer Zeit ist durch drei Wesensmerkmale gekennzeichnet.

1. Der Eingeweihte als Geistesforscher

Rudolf Steiner hat in Vorträgen und Schriften nur das auf dem Gebiete der Geisteswissenschaft ausgesprochen, was er selbst in der geistigen Welt erforscht hat. Dazu gehört auch sein Forschungsergebnis über die Wiederkunft des Christus in ätherischer Gestalt. Nur eine menschliche Individualität, die fortwährend den Abbau- und Todesprozessen unterworfen ist, kann inneres seelisches Leben entwickeln und geistig Erforschtes in begriffliche Erkenntnis bringen. Welche hohen Fähigkeiten dies voraussetzt, wird noch dargestellt werden. Für das Erforschen geistiger Tatsachen reichen jedoch die Bemühungen eines Eingeweihten nicht aus, sondern es muß der Wille der geistigen Welt hinzukommen, bestimmte Tatsachen zu offenbaren, damit sie in die Erfahrung des Geistesforschers eintreten können. Die gedankliche Beurteilung des Wahrheitsgehaltes des Erforschten kann nur von einer menschlichen Individualität vollzogen werden, die die Inhalte der übersinnlichen Erlebnisse dem Urteil des gewöhnlichen Bewußtseins unterwirft.

2. Die Offenbarung als Akt der Gnade

Es besteht ein Unterschied zwischen Offenbarung übersinnlicher Wahrheiten und der Erforschung geistiger Tatsachen. In der »Theosophie« heißt es: »Die Arbeit des Geistesforschers an der eigenen Seele, die ihm die Fähigkeit des geistigen Schauens gibt, geht dahin, *eben diese Fähigkeiten zu erwerben.* Ob er dann in einem einzelnen Falle etwas in der geistigen Welt wahrnimmt, und *was* er wahrnimmt, das hängt nicht von ihm ab. Das fließt ihm zu als *eine Gabe* aus der geistigen Welt. Er kann sie nicht erzwingen, er muß warten, bis sie ihm wird. *Seine Absicht,* die Wahrnehmung herbeizuführen, kann nie zu den Ursachen des Eintreffens dieser Wahrnehmung gehören ... Wenn der Seher zum Beispiel den Besuch einer ihm fremden Person erhält, so kann er nicht ohne weiteres sich ›vornehmen‹, die Aura dieser Person zu beobachten. Aber er schaut die Aura, wenn innerhalb der geistigen Welt Veranlassung ist, daß sie sich ihm enthüllt.«[4] Bei diesen geistigen Wahrnehmungen handelt es sich im eigentlichen Sinne um »Offenbarungen«. Sie haben sowohl für den Geistesforscher wie auch für die Welt erst eine Bedeutung, wenn es gelingt, diese in einer begrifflichen Erkenntnis darzustellen.

Dreißig Jahre nach Beginn der Michaelherrschaft geschah eine solche Offenbarung: Seit dem Jahre 1909 wird die geistige Hülle der Erde durchstrahlt von der Christus-Wesenheit. Es muß der Wille der geistigen Welt gewesen sein, daß unmittelbar danach Rudolf Steiner den Menschen von diesem großen Ereignis Mitteilung macht. In Stockholm spricht er am 12. Januar 1910 zum ersten Mal von der tiefgreifenden Wandlung in der Geistatmosphäre der Erde. Vom Norden Europas, Oslo und Stockholm, reist Rudolf Steiner bis in den Süden, um in Palermo und Rom dieses Ereignis zu verkünden, das in der Zukunft immer mehr das

---

4 »Theosophie«, tb 6150 1985, Seite 159

Schicksal der Menschen verändern wird. Von da an geht ein neuer Strom durch die Vorträge der Jahre 1910, 1911 und 1912. Das Erscheinen des Christus in ätherischer Gestalt, welches erst möglich war nach Ablauf des Kali Yuga, bewirkt zugleich, daß die Urvergangenheit der Menschheit dem Blick des Geistesforschers erschlossen wird. Rudolf Steiner schließt im Jahre 1909 seine »Geheimwissenschaft im Umriß«[5] ab. Zum ersten Mal schildert ein Eingeweihter aus seiner Geistesforschung mit wissenschaftlich begrifflicher Klarheit die Weltentwicklung von ersten Anfängen bis in eine ferne Zukunft.

3. Die spirituelle Reife der Menschheit

In seinem Wirken ist ein Eingeweihter an geistige Gesetze gebunden. Eines heißt, daß er nur etwas inaugurieren darf, wenn Menschen die entsprechende Frage an ihn richten. Das kann an einigen Beispielen deutlich werden. Marie von Sivers stellte Rudolf Steiner am Anfang des Jahrhunderts die Frage, ob er die geisteswissenschaftliche Bewegung an den deutschen Idealismus und den Christus-Impuls anknüpfen könne. Sie erkannte, daß Rudolf Steiner die Möglichkeit hatte, aus übersinnlicher Forschung heraus zu sprechen. Rudolf Steiner hat später darauf Bezug genommen und gesagt: »Die Frage war gestellt. Nun konnte ich die Antwort darauf geben.« Die Antwort war die Darstellung der Anthroposophie.

Die Begründung der Freien Hochschule für Geisteswissenschaft mit der Errichtung der ersten Klasse nach der Weihnachtstagung 1923 war ebenfalls nur möglich, weil eine entscheidende Frage an ihn gerichtet wurde. Polzer-Hoditz notierte sich in seinem Tagebuch von einem Gespräch mit Rudolf Steiner: »Achten

---

5   »Die Geheimwissenschaft im Umriß«, GA 13

Sie auf das, was als Frage an Sie herankommt und wie eine Frage formuliert wird. Darin offenbart sich mehr vom Wesen einer Persönlichkeit als in allen anderen äußeren Gesten und Taten und Worten. Auf die Fragestellung kommt es an. Darin liegt auch die so entscheidende Bedeutung der Frage von Frau Dr. Wegman, als sie mich nach der neuen Esoterik fragte. Sie wollte nicht nur anknüpfen an das Alte, sondern sie stellte an mich die entscheidende Parsivalfrage nach der neuen Esoterik. Allein durch diese so gestellte Frage wurde es ermöglicht, die Michaelschule auf Erden einzurichten.«[6]

Ein drittes Beispiel sei angeführt: 1923 trat D. H. Dunlop mit der Bitte an Rudolf Steiner heran, er möge in Penmaenmawr über ein zentralanthroposophisches Thema sprechen. Rudolf Steiner kam der Bitte nach. Dabei fällt auf, daß er, der in den Jahren 1909 bis 1911 in vielen Vorträgen über die großen Lehrer der Menschheit, die Bodhisattvas, gesprochen hat – danach nicht mehr –, dieses Thema nun wiederaufnahm. Den Bodhisattvas in den Kulturepochen der vorchristlichen Zeit stellte er gegenüber den gegenwärtig führenden Bodhisattva mit seiner Aufgabe nach dem Mysterium von Golgatha. Ein weiteres Motiv dieser Vorträge ist die Spaltung der Menschheit in Ost und West. Im Osten erwartet man aus einer spirituellen Sehnsucht heraus einen neuen Impuls, der von dem gegenwärtig führenden Bodhisattva ausgeht.

6 Thomas Meyer – Ludwig Polzer-Hoditz, Ein Europäer, Perseus Verlag Basel. Die Echtheit der Tagebuchaufzeichnungen von Ludwig Polzer-Hoditz wird von einigen angezweifelt. Die Frage nach der Echtheit habe ich 1981 Ilona Schubert, der Schwiegertochter von Polzer-Hoditz, gestellt. Sie kannte die Aufzeichnungen nicht, berichtete mir aber von mehreren Gesprächen, die Polzer-Hoditz mit Rudolf Steiner hatte. Der Inhalt ihrer Mitteilungen deckte sich mit den nun veröffentlichten Aufzeichnungen – waren z. T. noch ausführlicher. So z. B. über die Zusammenhänge um Kaspar Hauser und über die beiden Individualitäten Cyrillus und Theophilus, die im 5. Jh. n. Chr. in Alexandria lebten.

»Aber nicht vorher kann in der eigentlichen Sonnensprache zu der Menschheit gesprochen werden, bevor die Menschheit guten Willen dem Sonnenwort entgegenbringt. Daher wird die Menschheit auch vergeblich warten auf die Ankunft eines der Nachfolger der alten Bodhisattvas. Denn ob ein Bodhisattva da ist oder nicht für die Menschheit, hängt davon ab, ob die Menschheit ihm Verständnis entgegenbringt oder nicht . . . Es ist nicht genügend über das heutige nationalistische Streben jenes allgemeine Menschheitsbewußtsein gekommen über die ganze Erde hin, das im wesentlichen gerade ein Ergebnis des Christus-Impulses sein muß. Aber die Menschheit wird auch nicht den Aufstieg finden zu diesem allgemein menschlichen, zu diesem wahrhaft christlichen Impuls, daher auch nicht früher verstehen können, was ein etwaiger Bodhisattva zu ihr zu sagen hätte, bis sie in sich selber wiederum spirituelle Sehnsucht in genügendem Maße entwickelt hat; bis sie gerade durch diese spirituelle Sehnsucht die Brücke haben wird über die ganze Erde hin zum Verständnisse zwischen dem Osten und dem Westen. Ich schlage damit jenes Thema an, . . . wie es heute nicht so ist, daß etwa die Menschen auf den Bodhisattva zu warten hätten, sondern daß der Bodhisattva warten muß auf das Verständnis, das ihm die Menschheit entgegenbringt, bevor er ihr in seiner Sprache sprechen kann: denn die Menschheit ist in die Epoche der Freiheit eingezogen.«[7]

Der heute führende Bodhisattva hat die Aufgabe, die Strömungen des Christentums und des Buddhismus durch die Spiritualität, die er im Westen zu vertreten hat, zusammenzuführen. Welche Konsequenzen es hat, wenn »die Brücke« nicht geschlagen wird, zeigen die ernsten Worte, die er 1921 in Oslo ausgesprochen hat:

»Der große Krieg wird geführt werden zwischen Asien und dem

---

7 Penmaenmawr, 29. August 1923, GA 227

Westen trotz aller Abrüstungskonferenzen, wenn nicht eines ein-
tritt, wenn nicht die Asiaten vom Westen herkommend etwas se-
hen, was Geist des Westens ist, der ihnen deshalb leuchten kann
und zu dem sie Vertrauen werden haben können, weil sie dafür
Verständnis haben aus ihrer eigenen, obzwar in die Dekadenz ge-
kommenen Geistigkeit heraus. An dem Verständnis dieser Sachla-
ge hängt der Friede der Welt, nicht an jenen Unterhaltungen, die
heute die äußeren Führer der Menschheit pflegen.« [8]

Die Menschen in Asien werden erst auf diese neue Spiritualität
des Westens aufmerksam werden, wenn sie erkennen, daß dort eine umfassende Erkenntnis von der Wesenheit des Bodhisattva
vorhanden ist, der zum künftigen Maitreya Buddha aufsteigen
wird, daß klare Vorstellungen da sind von dem, was er der
Menschheit in der Gegenwart zu geben hat. Von einer solchen Er-
wartungsstimmung ist auch bei den Menschen, die die Anthroposophie kennen, an der Jahrtausendwende noch wenig zu merken.
Aus diesem Grunde ist die Frage nach dem Erkennen des neuen,
in der Gegenwart führenden Bodhisattva für die Zukunftsentwicklung so entscheidend.

Rudolf Steiner hat auf die »Bodhisattva-Frage« keine eindeutige
Antwort gegeben. Wie sehr er aber auf Fragen wartete, die ihm
Gelegenheit boten, andeutungsweise die Geheimnisse, die mit seiner Aufgabe zusammenhängen, aufzuzeigen, geht aus den Erinne-
rungen Anna Samwebers hervor.[9] Rudolf Steiner hatte nach einem
Vortrag in der Wohnung Anna Samwebers noch Mitglieder zu Gesprächen empfangen. Es war kurz nach Mitternacht, als er den

---

8   Oslo, 24. November 1921, GA 209
9   Anfang der fünfziger Jahre hörte ich durch Gottfried Husemann, was Anna
     Samweber ihm von diesem Gespräch berichtet hat. 1987 hat dann Jacob Streit
     die Schrift: Anna Samweber »Aus meinem Leben« herausgegeben. Verlag Die
     Pforte Basel. Beide Berichte stimmen im wesentlichen überein. Ich gebe hier
     die Schilderung von Gottfried Husemann wieder.

letzten Besucher verabschiedete und zu ihr sagte:»Sam, Sie wollten mich doch etwas fragen.«Als sie verneinte, weil sie zu später Stunde seine Zeit nicht mehr in Anspruch nehmen wollte, bestand er darauf:»Bitte, Sam, stellen Sie Ihre Frage!«Samweber:»Dann möchte ich Sie fragen: Wie kann man Ihre Wesenheit verstehen? – Wer waren Sie? Wer sind Sie? Wer werden Sie sein?«Rudolf Steiner zeichnete auf einem Tisch eine absteigende und wieder aufsteigende Linie und sagte dazu, daß seine Individualität sich wie ein roter Faden durch die ganze Erdenentwicklung ziehe.»Wenn Sie mit Liebe und Enthusiasmus mit der Frage leben, wer ich bin, dann werden Sie etwas von meiner Wesenheit erkennen.«Samweber stellte die weitere Frage:»Werden wir uns wiederbegegnen?«Seine Antwort lautete:»Wenn Sie mit Liebe und Enthusiasmus mit der Frage leben, wer ich bin, werden wir uns wiederbegegnen.«

Die Bruderschaft der großen Eingeweihten

Im ersten Goetheanum standen in dem Raum der kleinen Kuppel auf jeder Seite sechs Säulen mit Thronsesseln. In der Mitte dieser Säulen sollte die Holzplastik des Menschheitsrepräsentanten stehen. In diesem Raum war in künstlerischer Formensprache ein Abbild geschaffen von der Weltensphäre, in der die zwölf Weltenlehrer um die Christus-Wesenheit versammelt sind. Das große Rednerpult war dem menschlichen Kehlkopf nachgebildet. Wenn Rudolf Steiner von diesem Rednerpult aus sprach, konnte etwas von den zukünftigen Wortmysterien deutlich werden. Die unbesetzten Säulensessel waren ein Bild für die im verborgenen mitwirkenden Weltenlehrer.

»Sie finden in spirituellen Höhen eine Reihe von Bodhisattvas, die für ihre Zeiten die großen Lehrer, die Unterweiser sind nicht nur der Menschen, sondern die Unterweiser auch derjenigen Wesen-

20

heiten, die nicht heruntersteigen in die Region des physischen Le-
bens. Sie finden wir da alle sitzen, wenn wir vergleichsweise spre-
chen dürfen, als die großen Lehrer; sie sammeln in sich dasjenige,
was sie lehren sollen und in ihrer Mitte finden wir eine Wesenheit,
die nicht nur dadurch etwas ist, daß sie lehrt: und das ist der Chri-
stus. Er ist nicht nur dadurch etwas, daß er lehrt, sondern er ist in
der Mitte der Bodhisattvas als eine Wesenheit, die auf die umge-
benden Bodhisattvas dadurch wirkt, daß diese ihren Anblick ha-
ben; angeschaut wird sie von den Bodhisattvas, denen sie ihre ei-
gene Herrlichkeit offenbart. Sind die andern dasjenige, was sie
sind, dadurch, daß sie große Lehrer sind, so ist der Christus dasje-
nige, was er der Welt ist, durch das, was er in sich selbst ist, durch
sein Wesen ... Er ist nicht bloß Lehrer, er ist Leben, ein Leben,
das sich eingießt in die anderen Wesenheiten, die dann die Lehrer
werden. So sind die Bodhisattvas diejenigen, die ihre Lehre davon
herhaben, daß sie die Seligkeit genießen, die Anschauung des
Christus zu haben in ihrer spirituellen Höhe. Und finden wir im
Verlaufe unserer Erdenentwickelung Verkörperungen der Bodhi-
sattvas, so nennen wir solche, weil in ihnen der Bodhisattva das
Wesentliche ist, große Lehrer der Menschheit.«[10]

Diese Lehrer schöpfen die Kraft für ihr Tun aus der Bruderschaft.
Sie sind bestrebt, daß Menschen in der Zukunft ebenfalls aus dem
Geist einer Gemeinschaft handeln, denn nur dadurch können Impulse gefunden werden, die die Menschheit aus den Niedergangs-
kräften herausführen.

> *»So wird das Weltenziel erreicht,*
> *Wenn jeder in sich selber ruht*
> *Und jeder jedem gibt,*
> *Was keiner fordern will.«*[11]

10 München, 31. August 1909, GA 113
11 Entwürfe zu den Mysteriendramen, Seite 135/136, GA 44

Die erste Voraussetzung für eine Gemeinschaftsbildung ist, daß Menschen als freie Individualitäten sich selbst in ihrem höheren Wesen gefunden haben, »in sich selber ruhen«, um aus dieser Stärke eine neue Sozialordnung vorbereiten zu können. Der Eingeweihte wirkt bereits aus dem Geist der Gemeinschaft, der als eine höhere Wesenheit die Mitte des Kreises bildet. Was er leistet, leistet er dann nicht für sich – er zieht aus seiner Arbeit für sich keinen Nutzen –, sondern er arbeitet für die Menschheit.

»So sind die menschlichen Vereinigungen die geheimnisvollen Stätten, in welche sich höhere geistige Wesenheiten herniedersenken, um durch die einzelnen Menschen zu wirken, wie die Seele durch die Glieder des Körpers wirkt ... Zauberer sind die Menschen, die in der Bruderschaft zusammen wirken, weil sie höhere Wesen in ihren Kreis ziehen ... Wenn wir dann als Mitglied einer solchen Gemeinschaft handeln oder reden, so handelt oder redet in uns nicht die einzelne Seele, sondern der Geist der Gemeinschaft. Das ist das Geheimnis des Fortschritts der zukünftigen Menschheit, aus Gemeinschaften heraus zu wirken.« [12]

Die Kraft für ihre Erdenaufgaben holen sich die Bodhisattvas in dem Leben zwischen dem Tode und einer neuen Geburt aus der Substanz ihrer Gemeinschaft. Das Urbild ihrer Bruderschaft liegt in der Welt der Vorsehung, dem Buddhiplan, zu deren Sphäre sie aufsteigen. In dieser Welt, die über dem oberen Devachan, der oberen Geistwelt, liegt, begegnen sie der Christus-Wesenheit, die in ihrer Mitte der Dreizehnte ist. Was in der Anthroposophie über den Christus ausgesagt ist, ist aus dieser Sphäre geschöpft und in Begriffe umgesetzt worden. Das Bestreben der Mensch-

---

12   Berlin, 23. November 1905 (unveröffentlicht)

heitslehrer ist es, daß auch ihre Schüler nach dem Tode in diese Sphäre der geistigen Welt aufsteigen. Nur in dieser hohen Region, in der die Bruderschaftsidee urständet, können in der Zukunft Menschen die Impulse und Kräfte empfangen, die die Menschheit braucht.

Die Lehrer der Menschheit haben durch lange Zeiträume die Erscheinung des Christus auf Erden vorbereitet und haben seither die Aufgabe, den Christus-Impuls immer mehr zum Verständnis zu bringen. So erfließen aus der Bruderschaft der großen Eingeweihten den Menschen Kräfte zu, damit der Christus in die menschlichen Seelen immer bewußter – durch das Denken, Fühlen und Wollen – einziehen kann.

In vorchristlicher Zeit ermöglichten die Bodhisattvas den Menschen zwischen Tod und neuer Geburt ein »ewiges Leben«. Das bedeutete, daß sie an das Ich ihrer früheren Erdenleben und damit an ihr Karma anknüpfen konnten. Heute vollzieht das der Christus. Daraus ergibt sich die Aufgabe des gegenwärtig führenden Bodhisattva, Menschen durch Erkenntnis zum Erleben der Christus-Wesenheit zu führen.

»Und dem Begegnen mit dem letzten Bodhisattva schrieb man es in der alten Initiations-Wissenschaft zu, daß der Mensch wirklich finden kann die Anknüpfung an sein vorhergehendes Erdenleben, das heißt Kraft finden kann zum ewigen Leben, die nur gefunden werden kann, wenn an das vorhergehende Erdenleben angeknüpft werden kann ... Heute nützt es den Menschen nur, wenn sie dieses Zurückwandern unter der Führerschaft desjenigen Wesens, das durch das Mysterium von Golgatha sich mit der Erde vereint hat, durchmachen, das heißt mit anderen Worten, wenn eine solche Beziehung des Menschen zum Mysterium von Golgatha eintritt, daß der Christus der Führer werden kann für die Menschen, weil der Christus zusammenfaßt dasjenige, was an Führergewalten immer vorhanden war für das Leben zwischen

dem Tode und einer neuen Geburt durch die auf der Erde erscheinenden Bodhisattvas.«[13]

Aus den Betrachtungen ergibt sich die Frage: Wie konnten die großen Eingeweihten in ihrer Entwicklung der übrigen Menschheit so weit vorauseilen? In Vorträgen aus dem Jahre 1904, die kaum bekannt sind, kann eine Antwort gefunden werden. Es gibt Eingeweihte, die ihre Ich-Entwicklung nicht auf der Erde vollzogen haben. Sie, die Götterboten, führten die Menschheit in der Atlantis. Zu diesen »göttlichen Eingeweihten« gehört der Manu, der im Alten Testament unter dem Namen Noah die Menschheit führte. Erst in den nachatlantischen Kulturepochen finden wir menschliche Eingeweihte, die sich schneller entwickeln konnten als die übrige Menschheit. Diese menschlichen Eingeweihten sind die Bodhisattvas, die als die großen Lehrer die gegenwärtige Menschheit führen. Es besteht ein Gesetz, welches besagt, daß Entwicklung nur möglich ist durch Differenzierung, nur dadurch, daß einige Wesen sich schneller entwickeln, andere zurückbleiben. Hörernotizen aus einem Vortrag vom 1. November 1904[14] gehen auf diese Differenzierung ein. Ergänzt man diese mit der Schilderung in der »Geheimwissenschaft im Umriß«, so ergibt sich folgendes Bild: Die Individualitäten, die heute die »Würde« eines Bodhisattva erreicht haben, hatten am Anfang der Erdenentwicklung einen anderen Ausgangspunkt als die übrige Menschheit. Sie gehören zur Menschheit, haben sich aber, ohne ihr Zutun, schneller als die anderen Menschen entwickelt. Bereits auf der alten Sonne, der zweiten Entwicklungsperiode der Erde, trat eine Differenzierung der Ätherleiber der Menschenwesen ein. In einigen »Menschenvorfahren« fanden die hierarchischen Wesenheiten – wie es heißt – ein »willigeres Werkzeug«, das sie zu

---

13 Penmaenmawr, 26. August 1923, GA 227
14 Berlin, 1. November 1904, in Beiträge zur Gesamtausgabe Heft 69/70

einer höheren Vollkommenheit bringen konnten. Dadurch entstanden während der Sonnenentwicklung zwei verschiedene Vollkommenheitsgrade der Ätherleiber. Diese Differenzierung setzte sich während der sieben Runden des alten Mondes fort. In jeder Runde blieben wiederum Wesen in ihrer Entwicklung zurück. Dadurch zeigten die Menschenvorfahren in ihren Astralleibern sieben Vollkommenheitsgrade. Das bedeutet, daß die Menschen zu Beginn der Erdenentwicklung in neun Gruppen differenziert waren. Diese Differenzierung war kein Ergebnis der Arbeit der werdenden Menschen, sondern das Ergebnis hierarchischer Wesen, die an Äther- und Astralleib arbeiteten. Die am weitesten entwickelten Menschen gehörten zu den ersten beiden Menschengruppen. Sie bekamen zuerst von den Geistern der Form den »Feuerfunken des Ich« eingesenkt. Trotzdem traten sie zum Teil erst am Ende der atlantischen Periode in ihre erste Verkörperung ein. Als sie sich verkörperten, unterschieden sie sich von der übrigen Menschheit dadurch, daß sie einen mächtigen Ätherleib und durchorganisierten Astralleib besaßen. Sie ragten mit ihren Wesensgliedern weit in die geistige Welt hinein, da ihre physische Organisation diese noch nicht ganz aufnehmen konnte. Dadurch konnten sie in den nachatlantischen Mysterien wiederholt eingeweiht werden. Ihre Fähigkeiten mußten sie sich aus eigener Kraft erarbeiten.

»Daher hat die fünfte Wurzelrasse (das ist das fünfte Hauptzeitalter mit den sieben nachatlantischen Kulturepochen) seit ihrer Begründung immer initiierte Menschen gehabt. Menschen, die sozusagen in der Richtung initiiert waren, daß sie ihren eigenen freiwilligen Weg gehen konnten. Das war während der ganzen lemurischen und auch während der ganzen atlantischen Zeit nicht der Fall. Da standen diejenigen, welche der Menschheit weitergeholfen haben ... unter dem Einfluß von höheren Wesenheiten. Sie waren während der lemurischen und atlantischen Rasse unmittel-

bar abhängig von jenen höheren Wesenheiten, welche ihre Ent-
wickelung auf anderen Planeten durchgemacht hatten. Erst in der
fünften Wurzelrasse wird die Menschheit freigegeben. Da haben
wir Initiierte, die zwar im Zusammenhang stehen mit den höhe-
ren Wesenheiten, denen aber nicht so weitgehende Ratschläge ge-
geben werden, daß sie vollständig ausgearbeitet sind, sondern es
wird den Initiierten ... immer mehr Freiheit gegeben in den Ein-
zelheiten.« [15]

Einige Monate später wird nochmals betont, daß die heutigen
Menschheitsführer und Meister aus dem Menschengeschlecht
hervorgegangen sind. *»Jetzt wird der ein Meister, der durch alle*
Phasen der Menschheit nur schneller hindurchgegangen ist und
sich selbst zum Führer der Menschheit aufschwingt.« [16]

In vorchristlicher Zeit konnten sich die Bodhisattvas noch
nicht vollständig verkörpern, da ihre Wesenheit, besonders ihr
Ätherleib zu groß war, um in einer physischen Leiblichkeit voll
aufgehen zu können. Bevor die Menschheit die Logik und das
Gewissen entwickelt hatte, konnten die Bodhisattvas keinen Leib
finden, in dem sie ihre Fähigkeiten ganz zum Ausdruck bringen
konnten. *»Daraus aber folgt, daß ein solches Wesen wie der Bo-*
dhisattva gar nicht in der Lage war, vor dem Zeitalter des Buddha
einen Menschenleib voll zu benutzen.« [17] Im 20. Jahrhundert
durchdringt ein Bodhisattva von seinem Ich aus die Wesensglieder bis in die physische Leiblichkeit. Er ist durch alle Phasen der
Menschheit hindurchgegangen und ist ein Führer der Menschheit
geworden. Er kann in der Form des »reinen Denkens« die übersinnlichen Wahrheiten den Menschen bringen.

---

15 Berlin, 28. Oktober 1904, Dornach 1955
16 Berlin, 5. Mai 1905
17 Basel, 19. September 1909, GA 114

»Die Wesen, die auf unsere Erde heruntersteigen wollen, müssen die menschlichen Leiber, die wiederum dieser Erdkreis selbst hervorbringt, benutzen. Aber unsere Erde hat durch die verschiedenen Kulturperioden hindurch immer andere Leiber hervorgebracht, mit immer anderen Organisationen; und erst in unserer fünften nachatlantischen Kulturperiode ist es möglich geworden, weil das Menschengeschlecht selber solche Leiber hervorbringt, in denen reine Gedanken sich bilden können, in der Form des reinen Gedankens zu sprechen.« [18]

Drei Aspekte zum Verständnis eines Bodhisattva

1. Der Bodhisattva – eine menschliche Individualität

Die folgenden Ausführungen beziehen sich hauptsächlich auf den gegenwärtig führenden Bodhisattva. Bei dem Bodhisattva zeigen sich die besonderen Fähigkeiten, die er im Laufe der Inkarnationen erworben hat, nicht in der Kindheit und Jugendzeit, sondern erst durch einen Seelenumschwung in einem bestimmten Lebensalter. Das Wirken eines Bodhisattva differenziert sich, je nach Kulturkreis und Kulturepoche, ob er männlich oder weiblich inkarniert ist, ob er als Initiierter oder – was auch möglich ist – als Uninitiierter auftritt. Diese Verschiedenheiten in seinen Verkörperungen sind zu verstehen, wenn man bedenkt, daß ein Bodhisattva – um die Fülle des Menschseins auszuloten – mannigfaltige Erdenerfahrungen machen muß. Der Bodhisattva hat jetzt schon die Stufe erreicht, die für uns Zukunft ist: die Geburt des höheren Ich. Das höhere Selbst ist die Individualität. Jeder Bodhisattva hat eine bestimmte Mission in der Erdenent-

---

18 Berlin, 25. Oktober 1909, GA 116

wicklung.[19] Die »Bodhisattva-Würde« wird ihm jedoch erst übertragen, wenn sein Vorgänger vom Bodhisattva zum Buddha aufsteigt. Der Bodhisattva wirkt aus der Kraft der Gemeinschaft der großen Lehrer. Er hat die Höhe seiner Entwicklung nur erreichen können, weil er in verschiedenen Mysterienstätten eingeweiht wurde. Dort wurden Eigenschaften ausgebildet, die in allen folgenden Inkarnationen als Seelenfähigkeiten mit dem Ich verbunden bleiben: so z. B. absolute Furchtlosigkeit und die Fähigkeit, alle Kräfte in den Dienst der Menschheit zu stellen. Von den zwölf Bodhisattvas hat jeweils nur einer in der Öffentlichkeit zu wirken.

»In der Leitung der Menschheitsevolution, von der wir sprechen als von einer Leitung durch Lehrer, haben wir die sich abwechselnd folgenden Bodhisattvas.«[20] Drei Stufen der Entwicklung muß ein Mensch durchlaufen, um seine höheren Wesensglieder Geistselbst, Lebensgeist und Geistesmensch auszubilden. Diese drei Stufen der Einweihung sollen zunächst beschrieben werden. Die erste Stufe besteht in der Läuterung des Astralleibes. Erst wenn dieser durch jahrelange strenge Arbeit – nicht nur in einem Erdenleben – in Manas – Geistselbst – umgewandelt ist, kann der Schüler durch seine erwachten übersinnlichen Organe (Lotosblumen) auf der ersten Stufe, der Imagination, in der astralischen Welt wahrnehmen. Auf dieser Stufe kann ein Wesen der Hierarchie der Angeloi in seinen umgewandelten Astralleib hineinwirken. Wenn der Schüler die erste Stufe der Initiation vollendet hat, ist er ein Chela (ein Eingeweihter mit einem bestimmten Einweihungsgrad). Der Chela arbeitet seinen Ätherleib in Lebensgeist – Buddhi – um. Er erreicht damit die Fähigkeit der Inspiration. Dadurch kann er im Unteren Devachan – der Geistwelt – mit seinen übersinnlichen Organen geistige Vorgänge und We-

19 Basel, 16. September 1909, GA 114
20 Bern, 5. September 1910, GA 123

senheiten inspirativ wahrnehmen. In allen Mysterien wurde diese Stufe als die Erweckung des höheren Selbst bezeichnet. Hat der Chela seinen Ätherleib vollkommen umgearbeitet, kann ein Erzengel in diesen inspirierend hineinwirken. Mit Hilfe dieser Kräfte beginnt die dritte und höchste Stufe: die der Meisterschaft. Der Eingeweihte muß durch die Gewalt seines freien Willens den physischen Leib umwandeln. Das bedeutet, den physischen Leib aus seiner animalischen, vegetativen und reflektorischen Abhängigkeit zu befreien. Durch diese Arbeit wird der Geistesmensch – Atman, das höchste Wesensglied – entwickelt und die Fähigkeit der Intuition erreicht. Erst mit Beginn der Meisterstufe kann der Eingeweihte in den »oberen Regionen des Geisterlandes« forschen.

»Bewußtes Arbeiten in den Ätherleib ist also Chelaschaft. Bewußtes Arbeiten in den physischen Leib: Meisterschaft ... Der Moment des Erzeugens von Buddhi (Lebensgeist) wird in allen Mysterien zweite Geburt, Neugeburt, Erweckung genannt ... Wenn der Eingeweihte den physischen Leib zur Umwandlung erfaßt, dann wirkt er auf den Planeten ein und macht sich zum Mittelpunkt kosmischer Kräfte; dann entwickelt er in sich Atman, den Vater, den Geistesmenschen.«[21]

Ein Mensch, der die dritte Stufe durchläuft, also ein Meister ist, hat alle Weisheit der Welt in sich aufgenommen. Er weiß, was jedes Ding, jedes Wesen in der Welt für eine besondere Bedeutung hat. Er vermag auch, alle Kräfte und Vorgänge im Kosmos in der rechten Art zu handhaben und zu »verwenden«. Die hohe Weisheit ist kein Geschenk. Sie wird durch Willensanstrengung und Opfer erreicht. Denn auch ein Meister nimmt immer noch neue Erdenerfahrungen auf und entwickelt sich weiter. Ein Bodhisatt-

---

21 München, 28. Oktober 1906, GA 94

va hat die Meisterstufe erreicht. Der Gautama Buddha wird als einer der höchsten Meister bezeichnet. Als er in seiner letzten Inkarnation von der Bodhisattva-Würde zur Buddha-Würde aufstieg, wurde sein Angelos, der ihn in seinen bisherigen Inkarnationen geführt und begleitet hat, für andere Aufgaben frei. Nur Menschen werden von einem Angelos geführt. Auch das zeigt, daß wir es bei den Bodhisattvas mit menschlichen Individualitäten zu tun haben. Obwohl die Bodhisattvas ihre Mission in Urzeiten erhalten haben, müssen sie den Entwicklungsweg aus eigener Kraft gehen. Ein Eingeweihter kann aber auch in einer oder in mehreren Inkarnationen auf die Früchte einer Initiation verzichten, um durch umgewandelte Fähigkeiten, z. B. der Hellsichtigkeit, die Menschheit in ihrem Zeitalter voranzubringen.

»Die wahre Tatsache ist nur die, daß innerhalb der Menschheitsentwickelung Dinge zu verrichten sind, wo solche, die schon Initiierte waren, hineinverkörpert sind als Uninitiierte, um Taten zu verrichten, für die sie durch die Zeitverhältnisse nötig sind, so daß die Initiation, die sich für eine oder mehrere Inkarnationen verbirgt, hineinwirken muß in eine gewisse Arbeitsweise. Da können dann über solche Individualitäten ... sehr leicht Täuschungen entstehen, und man kann sich über sie ganz falsche Vorstellungen machen.« [22]

Zwölf Bodhisattvas sind in einer Bruderschaft vereinigt. Von den Meistern der Weisheit und des Zusammenklangs der Empfindungen wird ebenfalls gesagt, daß sie in einer Geistloge vereinigt sind. Auch hier handelt es sich um zwölf Individualitäten. Drei Meister der Weisheit werden mit Namen genannt: Zarathustra, Skythianos und Buddha. In einem anderen Vortrag (31. 8. 1909) heißt es:

---

22 München, 26. August 1912, GA 138, 1986, Seite 41

»Wir sprechen von Verkörperungen von Bodhisattvas, wenn wir die Namen Skythianos, Zarathustra und Buddha nennen.« Meister ist die höchste Stufe der Einweihung, die ein Mensch auf Erden erreichen kann. In einem umfassenden Sinne sind die Bodhisattvas zugleich Meister. Im engeren Sinne ist ein Bodhisattva ein Lehrer, der in einem größeren Zeitraum der geschichtlichen Entwicklung in der Öffentlichkeit zu wirken hat. Ein Meister wirkt im verborgenen. Daß die Bodhisattvas in dem oben angeführten Sinne zugleich Meister sind, geht noch aus einem anderen Zusammenhang hervor. Es werden einmal die Rangstufen der auf Erden verkörperten Menschen, von denen auch H. P. Blavatsky spricht, dargestellt:[23]

Menschen (in der Umwandlung ihres Astralleibes begriffen),

reine Menschen (Eingeweihte, die ihren Astralleib umgearbeitet haben),

Bodhisattvas (Menschen, die die Weisheit der Erde in sich aufgenommen haben).

Vom Kosmos aus gesehen ergibt sich eine siebenstufige Entwicklung:

1. Götter (hierarchische Wesenheiten, die über den Angeloi stehen)
2. Pitris (Angeloi, die ihre Menschheitsstufe auf dem alten Monde durchlaufen haben)
3. Nirmanakayas (im Geistleib lebende, vollendete Buddhas)
4. Bodhisattvas
5. reine Menschen
6. Menschen
7. Elementarwesen

Die Meister der Weisheit und des Zusammenklangs der Empfin-

---

23 1. Oktober 1905, GA 93 a

dungen sind in dem oben dargestellten Sinne zugleich Bodhisatt-vas. Hella Wiesberger sagt in ihrer Darstellung »Die Meister der Weisheit und des Zusammenklangs der Empfindungen im Werk Rudolf Steiners«, daß wohl angenommen werden darf, daß mit den Meistern der Weisheit und des Zusammenklangs der Empfin-dungen dieselben Rangstufen gemeint sind, die in der morgenlän-dischen Weisheitstradition unter Bodhisattvas verstanden werden. Sie weist darauf hin, daß es sich bei den Bezeichnungen »Meister« oder »Bodhisattva« nicht um Eigennamen, sondern um Rangstu-fen, um Würden in der Hierarchie der großen Menschheitsführer handelt, die von einer menschlichen Individualität bei einer ent-sprechenden Entwicklung erreicht werden können.[24]

2. Die Verbindung eines Bodhisattva mit einer hierarchischen Wesenheit

»*Diejenigen Persönlichkeiten, die bis in ihren Ätherleib hinein beseelt sind, die einen Erzengel in sich tragen in der nachatlanti-schen Zeit, die nennt man Bodhisattva.*«[25] Bei ihnen tritt in dem Zeitpunkt der Durchseelung – zwischen dem 30. und 31. Le-bensjahr – eine gewisse Trennung zwischen den höheren und niederen Wesensgliedern ein. Diesen Vorgang der Trennung der Wesensglieder schildert Rudolf Steiner, als er eine Szene in »Die Pforte der Einweihung« bespricht. Der Geisteslehrer Benedictus offenbart Maria, daß sie von einem Gotteswesen durchseelt ist. Maria hat kein Bewußtsein davon, daß sie einem höheren Wesen die Möglichkeit gibt, durch sie zu wirken. Bei Maria wird »*da-durch wirklich so etwas hervorgerufen, was man nennen kann ei-ne Trennung der höheren Glieder von den niederen, so daß die*

---

24 Hella Wiesberger im Anhang Seite 241 in GA 264
25 Düsseldorf, 16. April 1909, GA 110

letzteren besessen werden können von einem untergeordneten Geist. – Alles, was in dem ›Rosenkreuzermysterium‹ zu finden ist, kann Sie, wenn Sie es auf Ihre Seele wirken lassen und nicht leicht hinnehmen, auf große Geheimnisse der Menschheitsevolution aufmerksam machen.« [26]

Die Verbindung der Bodhisattva-Persönlichkeit mit einem Archangelos ermöglicht, daß die von einer Individualität erstmals errungenen Fähigkeiten später auch von der übrigen Menschheit ausgebildet werden können. So hat der Gautama Buddha in seinen Erdenleben als Bodhisattva die Fähigkeiten des Mitleids, der Liebe und des Gewissens ausgebildet, die seitdem in allen Menschen als Fähigkeiten angelegt sind. In der östlichen Philosophie bezeichnet man menschliche Persönlichkeiten, die bis in ihren physischen Leib von einem Engel inspiriert sind, als menschliche Buddhas (reine Menschen). Diese Bezeichnung würde im Sinne der östlichen Terminologie in den Mysteriendramen auf Maria zutreffen, die von einem »niederen« Geist durchseelt ist. Der Gautama Buddha wird nach seiner Erleuchtung in der östlichen Philosophie als »Dhyani-Buddha« bezeichnet, da er jetzt von einem Geist der Persönlichkeit durchseelt wird. Der Erzengel, der den Bodhisattva durchseelt, begleitet diese Individualität in allen Bereichen, auch im nachtodlichen Leben. So kann man auch verstehen, was im »Hierarchien-Zyklus« [27] geschildert wird, daß ein auf Erden verkörperter Mensch, der von einem Angelos durchseelt ist (in der östlichen Terminologie ein menschlicher Buddha), auch noch von der Erzengelwesenheit eines Bodhisattva, der nicht auf Erden verkörpert ist, inspiriert werden kann.

»Nun konnte aber auch die Sache so sein, daß zum Beispiel der

---

26 Bern, 5. September 1910, GA 123
27 Düsseldorf, 16. April 1909, GA 110

Dhyani-Buddha und der Bodhisattva gar nicht heruntergingen bis zur Durchseelung des physischen Leibes, sondern daß der Bo-Bodhisattva nur herunterging bis zur Beseelung des Ätherleibes, so daß Sie also eine Wesenheit vermuten können, die nicht so weit geht, auch den physischen Leib des Menschen zu durchseelen und zu inspirieren, sondern nur den Ätherleib. Da kann es aber geschehen, daß ein solcher Bodhisattva, der also physisch gar nicht sichtbar ist – denn wenn er nur in einem Ätherleib erscheint, so ist er physisch nicht sichtbar, und es gab durchaus solche Bodhisattvas, die physisch nicht sichtbar waren –, daß ein solcher Bodhisattva als höheres Wesen den menschlichen Buddha wiederum besonders inspirieren kann. So daß wir haben den menschlichen Buddha, der schon inspiriert ist von einem Engelwesen, der aber in seinem Ätherleib noch inspiriert ist von einem Erzengelwesen.«[28]

3. Die Gemeinschaft der Bodhisattvas

Dieser Aspekt wurde in dem Abschnitt »Die Bruderschaft der zwölf Eingeweihten« behandelt. Hier soll eine kurze Zusammenfassung gegeben werden. Ein Bodhisattva schöpft seine Kraft aus der Gemeinschaft der Eingeweihten. Durch die Art des Lebens in ihrer Gemeinschaft entsteht etwas Neues: eine Gruppenseele höherer Art, der Geist der Gesamtheit der Bodhisattvas. Rudolf Steiner nennt diesen auch die personifizierte Allweisheit der Welt, oder in christlicher Terminologie: den Heiligen Geist, der durch die zwölf Bodhisattvas wirken kann. Der Geist der Bodhisattvas wird einmal in einem Vortrag (31. 8. 1909, GA 113) als »**der Bodhisattva**« bezeichnet. So verstanden wirkt ein Bodhisattva auf der Erde nie als einzelne Persönlichkeit, sondern hinter ihm steht

---

28 Düsseldorf, 16. April 1909, GA 110

der Bodhisattva oder mit der höchsten christlichen Bezeichnung: der Heilige Geist. Dieser gehört der Trinität an. Es wird im Evangelium verheißen, daß der Heilige Geist die Menschheit in alle Wahrheit und Erkenntnis führen wird.

»Das aber soll die geisteswissenschaftliche Bewegung sein, das ist unter ihr zu verstehen. Und diejenigen, welche begriffen haben, daß der Fortschritt der Menschheit abhängt von dem Begreifen des großen Ereignisses von Golgatha, das sind die, welche als die Meister der Weisheit und des Zusammenklanges der Empfindungen vereinigt sind in der großen führenden Loge der Menschheit. Und wie einstmals als in einem lebendigen Welten-Symbole die feurigen Zungen herniederschwebten auf die Gemeinde, so waltet das, was der Christus selber als den Heiligen Geist gesandt hat, als das Licht über der Loge der Zwölf. Der Dreizehnte ist der Führer der Loge der Zwölf. Der Heilige Geist ist der große Lehrer derjenigen, die wir die Meister der Weisheit und des Zusammenklanges der Empfindungen nennen. Sie also sind diejenigen, durch die seine Stimme und seine Weistümer in diesem oder jenem Strom auf die Erde zur Menschheit herniederfließen. Was zusammengetragen wird an Weistümern durch die geisteswissenschaftliche Bewegung, um die Welt und die Geister darinnen zu verstehen, das fließt durch den Heiligen Geist in die Loge der Zwölf, und das ist zuletzt das, was die Menschheit zum selbstbewußten freien Verständnis des Christus und des Ereignisses von Golgatha nach und nach bringen wird.«[29]

Von drei Ebenen aus wurde die Wesenheit eines Bodhisattva betrachtet. Der Bodhisattva muß sich als eine menschliche Individualität auf Erden verkörpern. Er wird in jeder Inkarnation als Kind geboren. Er erlebt bis zum dreißigsten Lebensjahr, wie jeder

---

29 Berlin, 22. März 1909, GA 107

Mensch, die Mondenkräfte, die ihn in das irdische Leben hineinführen, und damit die karmischen Bedingtheiten und Notwendigkeiten für sein Wirken. An dem Widerstand dieser Kräfte muß er
seine Persönlichkeit mit seinen individuellen Fähigkeiten entwickeln. Zwischen seinem dreißigsten und einunddreißigsten Lebensjahr wird der Bodhisattva von einem Archangelos durchseelt.
Im dreißigsten Lebensjahr erlebten Menschen in den früheren
Mysterienzusammenhängen einen großen Lebensumschwung.
Man sprach davon, daß der Mensch nicht einmal, sondern zweimal geboren wird. Das bewirkte die Sonnenkraft im Menschen,
die mit der Kraft des Sohnes, des Christus, verbunden ist.

»Denken Sie, was bewirkt diese Kraft, die Sonnenkraft? Die Son
nenkraft bewirkt, daß wir als Menschen überhaupt auf der Erde
etwas aus uns machen können. Wir würden streng determiniert in
eine unabhängige, nicht Schicksalsnotwendigkeit, sondern Natur
notwendigkeit hineingestellt sein, wenn die befreienden Sonnen
kräfte, die Notwendigkeit zerschmetternden Impulse nicht an uns
herantreten würden ... Diese Sonnenkräfte, diese Christus-Kräf
te, welche durch das kosmische Sonnenauge herunterschauen, die
se Christus-Kräfte machen es, daß ich während meines Erdenle
bens durch meine innere Freiheit etwas aus mir machen kann, was
ich nicht gewesen bin durch die Mondenkräfte, da ich ins Erden
leben hereingestellt worden bin.«[30]

Diese »zweite Geburt« wird im Leben eines Bodhisattva in einer
besonderen Weise deutlich. In Freiheit ergreift er seine Menschheitsaufgabe. Diese Aufgabe ist individuell. Um sie aber in der
Menschheit vollziehen zu können, braucht er die Kräfte der Gemeinschaft der großen Eingeweihten, den »**Bodhisattva**«, die
Kraft des Heiligen Geistes.

---

30   Dornach, 20. April 1924, GA 233 a

Ich bin durch langjährige Beschäftigung mit der Bodhisattva-Frage zu der Überzeugung gekommen, daß Rudolf Steiner der in der Gegenwart führende Lehrer der Menschheit ist. Dieses ergab sich für mich als gedanklich logische Konsequenz aus dem Vortragswerk Rudolf Steiners. In den folgenden Ausführungen handelt es sich um – bewußt nicht umfangreiche – Hinweise, die zu dieser Erkenntnis geführt haben.

II. Die Inkarnation des Bodhisattva im 20. Jahrhundert

»Solche Begriffe wie zum Beispiel den der Bodhisattvas hatte man jahrhundertelang eben nicht in der abendländischen Geistesentwickelung. Und erst wenn man sich an ihnen orientiert hat, steigt man in entsprechender Weise hinauf zur Erkenntnis dessen, was der Christus für die Menschheit gewesen ist, sein kann und fortwährend sein wird.«

Berlin, 17. Oktober 1910, GA 124

Rosenkreuzer-Strömung und die Strömung des Maitreya Buddha

»Wo sind denn jetzt eigentlich die Eingeweihten der Menschheit? Wo ein solches Werk wie das Ihrige auf dem Spiele steht?« Diese Frage stellte einmal Friedrich Rittelmeyer an Rudolf Steiner. Er erhielt zur Antwort: *»Jetzt kommt es darauf an, daß die höheren Wahrheiten durch das Denken der Menschen ergriffen werden. Wenn Sie diesen Eingeweihten heute begegneten, würden Sie an ihnen vielleicht gar nicht das finden, was Sie suchen. Sie hatten ihre Aufgabe mehr in früheren Inkarnationen, jetzt muß das Denken der Menschheit spiritualisiert werden.«* [31]

Von den zwölf großen Eingeweihten hat – so wurde im vorigen Kapitel dargelegt – nur jeweils einer die Aufgabe, in der Öffentlichkeit für einen Menschheitszyklus zu wirken. Dieser Eingeweihte ist der Bodhisattva, der im Zeitalter der Freiheit die Auf-

---

31   Friedrich Rittelmeyer, »Meine Lebensbegegnung mit Rudolf Steiner«

gabe hat, das Denken zu spiritualisieren, den Weg aufzuzeigen, wie spirituelle Erkenntnisse so kraftvoll erlebt werden können, daß diese immer mehr alle Lebensäußerungen der Menschen durchdringen. Die anderen Eingeweihten wirken, wenn sie auf Erden verkörpert sind, als Meister der Weisheit im verborgenen. Es heißt, daß von den zwölf Initiierten nie mehr als sieben auf der Erde gleichzeitig wirken. Zu Rittelmeyer sagte Rudolf Steiner, daß von den sieben Meistern zwei im Osten wirken, zwei im Westen, zwei in der Mitte und einer geht durch.[32] Nach einem bestimmten okkulten Gesetz – das noch näher erläutert werden soll – darf von den Meistern erst hundert Jahre nach ihrem Tode bekannt werden, unter welchem Namen sie aufgetreten sind. Sie können nur durch diese Form der Selbstlosigkeit ihre Kräfte in den Dienst der Menschheit stellen, denn die Verbindung einer Tat mit ihrem Namen verträgt sich nicht mit der Bewußtseinshöhe, die sie erreicht haben. Wie eine Polarität dazu wirkt der Lehrer der Menschheit. Was er für die Menschheit vollzieht, muß mit seinem Namen, mit seiner Individualität verbunden sein. In der Bruderschaft der zwölf Bodhisattvas gibt es zwei Geistesströmungen, die verschiedene Aufgaben haben. Als Rudolf Steiner zum erstenmal über diese beiden Strömungen sprach, tat er dieses in einem für die geisteswissenschaftliche Bewegung entscheidenden geschichtlichen Augenblick. Am 16. September 1911 sollte ein Kongreß der Theosophischen Gesellschaft in Genua stattfinden, auf dem die Präsidentin Annie Besant den sechzehnjährigen Knaben Krishnamurti zu dem im Fleische erscheinenden Christus-Jesus proklamieren wollte. Diesen Knaben identifizierte sie zugleich als den wiederverkörperten Jeshu Ben Pandira, der in der Zukunft zum Maitreya Buddha aufsteigen

---

32 Aufzeichnung von Friedrich Rittelmeyer, »Gespräche mit Rudolf Steiner« (Manuskriptvervielfältigung)

würde. Da Rudolf Steiner auf diesem Kongreß über die buddhistische Weisheit und die abendländische Esoterik sprechen wollte, sagte Annie Besant den Kongreß in letzter Stunde ab. Rudolf Steiner hielt dann in Mailand fünf Tage später, am 21. September 1911, den Vortrag »Buddha und Christus – Die Sphäre der Bodhisattvas«. Aus diesem grundlegenden Vortrag wird in diesen Ausführungen noch des öfteren zitiert. Wenn man einmal annimmt, Rudolf Steiner sei der Bodhisattva des 20. Jahrhunderts, dann kann deutlich werden, vor welch einer großen Herausforderung er stand. Es ging damals um zwei zentrale Inhalte der abendländischen Esoterik, um die Christus-Wesenheit und um den Verkünder des wiedererscheinenden Christus in ätherischer Gestalt, den gegenwärtig führenden Bodhisattva. Im Zusammenhang mit diesem Bodhisattva führt Rudolf Steiner in seinem Vortrag in Mailand aus:

»Es ist gewiß richtig, daß in unserer Zeit eine große Abneigung vorhanden ist, Menschengenien zu erkennen. Aber es ist umgekehrt auch eine große Bequemlichkeit vorhanden, die dahin geht, daß man gern bereit ist, auf die bloße Autorität hin diese oder jene Individualität als eine Größe anzuerkennen und gelten zu lassen ... Ich appelliere in der Zeit des Intellektualismus nicht an Ihren Autoritätsglauben, sondern an Ihre intellektuelle Prüfung. Und der Bodhisattva des zwanzigsten Jahrhunderts wird auch nicht appellieren an irgendwelche Vorverkünder, die ihn als Maitreya-Buddha proklamieren, sondern an die Kraft seines eigenen Wortes, und wird als Mensch allein in der Welt stehen.«

Durfte Rudolf Steiner deutlicher auf den hinweisen, der Verkünder des Christus in ätherischer Gestalt ist? – Unmittelbar an die zuletzt zitierten Worte faßt er den Vortrag zusammen, indem er auf die beiden Geistesströmungen hinweist.

»In unserer Menschheitsentwickelung wirken zwei Strömungen.
Die eine ist die Weisheits- oder Buddha-Strömung, die höchste
Lehre von Weisheit, Herzensgüte und Erdenfrieden. Daß diese
Buddha-Lehre in alle Herzen wirksam einziehen könne, dazu ist
der Christus-Impuls unerläßlich.
Die zweite ist die Christus-Strömung, welche hinaufführen wird
die Menschheit von dem Intellektualismus über den Ästhetizismus
zur Moralität. Und der größte Lehrer des Christus-Impulses wird
immerzu sein der Nachfolger des Buddha, jener Bodhisattva, der
sich immer wieder inkarniert und der zum Maitreya-Buddha
wird nach dreitausend Jahren.«

Die Weisheitsströmung wurde in nachchristlicher Zeit impulsiert
von einer Individualität, die ein hoher Sendbote des Christus ist,
von Manes. Manes war in einer früheren Inkarnation der Jüngling
zu Nain, der von Christus vom Tode auferweckt wurde und dadurch eine Einweihung erfuhr, die es ihm ermöglicht, für die Umwandlung des Bösen zu wirken.[33] Es gäbe kein Böses in der Welt,
wenn es nicht die heiligen Verwandlungskräfte im Menschen gäbe. Diese Kräfte der Höherentwicklung und Wandlung spricht
Manes (Mani) in seinen Schülern an. Friedrich Rittelmeyer berichtet aus einem Gespräch mit Rudolf Steiner: »Auf die Frage,
welcher Gruppe von Meistern der Mani zugehöre, der Initiator
der Manichäer, erwiderte Dr. Steiner: ›Mani sei eine Individualität, die neben den anderen Eingeweihten stehe.‹« (Manes ist nicht
gleichzusetzen mit Manu, dem Christus-Eingeweihten, dem Führer der atlantischen Menschheit. Manu gehört zu den göttlichen
Eingeweihten, die als höher entwickelte Wesen die Erde betraten.)
Manes versammelte im vierten Jahrhundert drei wichtige Persönlichkeiten zu einer der größten Versammlungen, die in der zur
Erde gehörenden spirituellen Welt stattgefunden hat. Diese drei

---

33   GA 264, Seite 239

Persönlichkeiten waren: Skythianos, Gautama Buddha und Meister Jesu. Skythianos bewahrt die spirituelle Weisheit der atlantischen Zeit. Vom Gautama Buddha wird gesagt, daß er auf Erden eine Persönlichkeit hatte, die als sein physischer Abglanz bezeichnet wird.[34] Und Meister Jesu ist die Individualität, die vom zwölften Lebensjahr bis zur Jordantaufe in dem Jesus von Nazareth lebte und als Zarathustra die persische Kulturepoche begründet hat. Manes beriet mit diesen Persönlichkeiten, wie die Weisheit der Bodhisattvas der nachatlantischen Zeit einfließen kann in die Zukunft der Menschheit, wie sie herübergetragen werden kann in die europäischen Mysterien, die als die Mysterien des Rosenkreuzes begründet werden sollten. Dazu war notwendig eine Einweihung der Persönlichkeit, die von Christus selbst als Lazarus-Johannes schon einmal eingeweiht worden war. Diese Individualität wurde im 13. Jahrhundert wiedergeboren und trug später den Namen Christian Rosenkreutz. In der Mitte des 13. Jahrhunderts liegt der Ausgangspunkt für eine neue Form der spirituellen Entwicklung der Menschheit. Etwa um das Jahr 1250 n. Chr. trat für alle Menschen eine kurze Zeit der Geistverdunkelung ein, so daß selbst die höchsten Eingeweihten nicht mehr in die geistige Welt hineinschauen konnten. Diese Zeit der Geistverdunkelung sollte zugleich eine Wende in der geistigen Entwicklung der Menschheit bilden. Der Mensch sollte nicht mehr aus althergebrachten Kräften den Weg zu den geistigen Welten finden, sondern durch einen Schulungsweg, den wir heute als den rosenkreuzerischen bezeichnen. Dazu versammelten sich zwölf Persönlichkeiten, die in ihrer Gesamtheit das geistige Wissen der Menschheit trugen. Sieben vertraten die Weisheit der atlantischen Zeiten, vier das der vier nachatlantischen Kulturepochen. Der Zwölfte besaß im höchsten Maße die intellektuelle Weisheit seiner Zeit. Es wird in den Vorträgen kein Name genannt. In dieser Zeit gehörten aber Thomas

---

34 München, 31. August 1909, GA 113

von Aquin und Albertus Magnus zu den Menschen, auf die diese Aussage zutreffen könnte. Im Kreise der Zwölf wurde Christian Rosenkreutz, etwa um die Zeit seines ersten Mondknotens, durch Christus eingeweiht.

»Die Zwölf konnten erkennen, daß er das Erlebnis von Damaskus hinter sich hatte: es war eine Wiederholung der Vision des Paulus vor Damaskus. Im Laufe weniger Wochen gab nun der Dreizehnte alle Weisheit wieder, die er von den Zwölfen erhalten hatte, aber in einer neuen Form. Wie von Christus selbst gegeben war die neue Form. Was er ihnen da offenbarte, das nannten die Zwölf das wahre Christentum, die Synthesis aller Religionen, und sie unterschieden zwischen diesem wahren Christentum und dem Christentum der Epoche, in der sie lebten.«[35]

Damals trat eine Zäsur in der geistigen Entwicklung der Menschheit ein. Dadurch wurde die Grenze zwischen überkommenen Überlieferungen (Glauben) und dem, was man erkennen kann, deutlich. Von diesem geschichtlichen Einschnitt an muß die sich nun entwickelnde moderne Esoterik über die E r k e n n t n i s zum Erfassen der geistigen Welten führen. Bis zu diesem Zeitpunkt war der Repräsentant der Weisheitsströmung der Gautama Buddha, nach diesem Zeitpunkt ist es Christian Rosenkreutz.

»Christian Rosenkreutz ging in der ersten Hälfte des fünfzehnten Jahrhunderts nach dem Orient, um den Ausgleich zu finden zwischen der Initiation des Ostens und jener des Westens. Eine Folge davon war die definitive Begründung der Rosenkreuzer-Richtung nach seiner Rückkehr. In dieser Form sollte das Rosenkreuzertum die streng geheim gehaltene Schule sein zur Vorbereitung dessen, was der Esoterik öffentlich als Aufgabe zufallen müsse, um die

---

35 Neuchâtel, 27. September 1911, GA 130

44

Wende des 19. und 20. Jahrhunderts, wenn die äußere Naturwis-
senschaft zur vorläufigen Lösung gewisser Probleme gekommen
sein werde. Als diese Probleme bezeichnete Christian Rosen-
kreutz:

1. *Die Entdeckung der Spektralanalyse, wodurch die materielle*
   Konstitution des Kosmos an den Tag kam.
2. *Die Einführung der materiellen Evolution in die Wissenschaft*
   vom Organischen.
3. *Die Erkenntnis der Tatsache eines anderen als des gewöhnli-*
   chen Bewußtseinszustandes durch die Anerkennung des Hyp-
   notismus und der Suggestion.«[36]

Die zweite Strömung ist die Christus-Strömung. Sie wird so genannt, weil ihr Repräsentant der Bodhisattva ist, der als der größte Verkünder des Christus-Impulses bezeichnet wird. Ausgangspunkt dieser Strömung ist Jeshu Ben Pandira, der der Lehrer der
Menschheit ist und der die Wiederkunft des Christus in ätherischer Gestalt lehrt. In der Öffentlichkeit wirken kann der gegenwärtig führende Bodhisattva – wie eben ausgeführt – erst mit dem
Beginn des 20. Jahrhunderts.

»Und nach diesem Ziel hin sehen wir zusammenfließen die geisti-
ge Strömung, die ausgeht von Jeshu ben Pandira, und jene, die im
Beginn des dreizehnten Jahrhunderts an Christian Rosenkreutz
anknüpft... So wirken zusammen die Strömung des Maitreya
Buddha mit der abendländischen Strömung, die anknüpft an
Christian Rosenkreutz.«[37]

Rudolf Steiner gab einen Spruch, zu dem er sagte, man müsse sich
imaginativ in der geistigen Welt einen Altar vorstellen, vor dem

---

36 Dokument von Barr in GA 262
37 München, 20. November 1911, GA 130

45

Christian Rosenkreutz und Rudolf Steiner nebeneinander stehen. Macht man dieses Bild – zu dem er noch weitere Anweisungen gab – in sich lebendig, so ist man im Reich der Imagination.[38] Christian Rosenkreutz und Rudolf Steiner sind Repräsentanten zweier Geistesströmungen, die in unserem Jahrhundert in der Anthroposophie zusammenfließen. Mit beiden Menschheitslehrern ist ein strebender Mensch verbunden. Eine solche Verbindung mit Christian Rosenkreutz geschieht oft in folgender Art: Ein Mensch befindet sich an einem Wendepunkt oder in einer karmischen Krise. Da tritt ein Ereignis ein, das den Menschen in Lebensgefahr bringt. Aus den karmischen Bedingungen wäre das Leben beendet gewesen, aber durch etwas »Zufälliges« wird er gerettet. Wenn ein Mensch für solche Schicksalsfügungen keine Aufmerksamkeit erworben hat, hält er ein solches Erlebnis für bedeutungslos. Christian Rosenkreutz hat ihm aber ein zweites Leben geschenkt. Der Mensch sollte dieses Erlebnis als einen Aufruf aus der geistigen Welt ansehen. Es ist ein neuer Impuls, der ihn an den eigenen vorgeburtlichen Entschluß, sein Leben in den Dienst des spirituellen Fortschritts der Menschheit zu stellen, erinnert. Im Leben zwischen dem Tod und einer neuen Geburt hatte Christian Rosenkreutz einen solchen Willensimpuls in ihn hineingelegt. Es können solche Eingriffe in das Schicksal eines Menschen durch diese hohe Individualität bei einer aufmerksamen Rückschau an verschiedenen Knotenpunkten des Lebens wahrgenommen werden. Sie sind jedesmal ein Aufruf zu einer wachbewußten Geistesschülerschaft. Eine Vorstellung kann den Geistesschüler impulsieren: Christian Rosenkreutz wird immer mehr zum größten Märtyrer unter den Menschen werden. Seine Leiden rühren davon her, daß viele Menschen im Zeitalter der Bewußtseinsseele nicht ihre werdende Individualität ergreifen.

---

38 Margarete und Erich Kirchner-Bockholt, »Die Menschheitsaufgabe Rudolf Steiners und Ita Wegman«, Dornach 1976, Seite 98

»Und die Leiden, die ihn zum großen Märtyrer machen werden, werden davon herrühren, daß die Menschen so wenig den Entschluß fassen, in die eigene Seele hineinzusehen, um immer mehr die sich entwickelnde Individualität zu suchen und sich der Unbequemlichkeit zu unterziehen, daß ihnen nicht wie auf einem Präsentierteller die fertige Wahrheit entgegengebracht wird, sondern daß man sie erringen muß in heißem Streben, in heißem Ringen und Suchen und daß nicht andere Anforderungen gestellt werden können, im Namen dessen, den man als Christian Rosenkreutz bezeichnet.«[39]

Wenn auch die beiden genannten Geistesströmungen in der Anthroposophie zusammenfließen, so gilt doch für die führenden Individualitäten der Rosenkreuzer-Strömung ein besonderes Gesetz: *»Niemals wird es möglich sein, auf eine Persönlichkeit im irdischen Leibe hinzuweisen als Träger des christlichen Geheimnisses. Erst hundert Jahre nach dem Tode einer solchen Persönlichkeit würde dies möglich sein. Das ist ein Gesetz, das alle Brüder des Rosenkreuzes wohl beachten. Nie wird ein Rosenkreuzerbruder hinweisen auf eine lebende Persönlichkeit als auf einen Führer erster Ordnung in bezug auf dasjenige, was als christliche Initiation einfließen soll in die Menschheit.«*[40] Zwei Gründe werden für das Bestehen eines solchen Gesetzes genannt.

»Die Versuchung ist zu groß für die Menschen einer solchen ins Persönliche gezogenen Autorität – was das Schlimmste ist, das es gibt – eine fanatische Heiligenverehrung entgegenzubringen. Es liegt dies eben zu nahe. Es ist diese Verschwiegenheit aber nicht nur eine Notwendigkeit gegen die äußeren Anfechtungen des Ehrgeizes und des Hochmutes, deren man sich ja vielleicht noch er-

---

39   Berlin, 20. Juni 1912, GA 133
40   Stockholm, 17. April 1912, GA 143

47

wehren könnte, sondern auch vor allem gegen die okkulten astra-
len Attacken, die fortwährend auf eine solche Individualität ge-
richtet sein würden. Deshalb ist die Bedingung, daß erst nach hun-
dert Jahren nach einem solchen Faktum davon gesprochen werden
darf, eine notwendige.«[41]

Dieses Gesetz gilt nicht für den Repräsentanten der Christus-
Strömung, dem gegenwärtig führenden Bodhisattva. Dieser
wendet sich an die Erkenntnis und muß in der Öffentlichkeit
wirken. Er ist daher auch fortwährend der Gefahr ausgesetzt,
daß Menschen ihn als eine »ins Persönliche gezogene Autorität«
nehmen, »was das Schlimmste ist, das es gibt«, und ihm eine
falsche Verehrung entgegenbringen. Die andere Gefahr für einen Lehrer der Menschheit, daß er okkulten astralen Attacken
seiner Gegner ausgesetzt ist, wirkt noch folgenschwerer. Das ist
bisher viel zu wenig beachtet worden, zumal der Geistesforscher
keine spirituellen Kräfte für sich selbst verwenden darf. Den
Schutz für seine Persönlichkeit müßten andere Menschen über-
nehmen.

Zu den Meistern der Rosenkreuzer-Strömung, die im verborgenen wirken, gehört Meister Jesu. Wer diese Individualität im
20. Jahrhundert war, darf nach dem erwähnten Gesetz erst hundert Jahre nach seinem Tode bekannt werden. Durch das große
Opfer des Zarathustra ging sein Ich aus den Hüllen des Jesus von
Nazareth heraus und verkörperte sich bald wieder. Diese Persönlichkeit ist seitdem Leiter des esoterischen Christentums und geht
durch die Geschichte unter dem Namen »Meister Jesu«. Er begleitet die Schüler, die den Weg der christlich-esoterischen (my-
stischen) Einweihung gehen. Im 4. nachchristlichen Jahrhundert
war Meister Jesu verkörpert als der Lehrer des Arius. Friedrich
Rittelmeyer war der Auffassung, daß diese Persönlichkeit Lukian

---

41 Neuchâtel, 27. September 1911, GA 130, Seite 66

von Samosata war, der 312 n. Chr. den Märtyrertod erlitt und eine starke Betonung des irdischen Lebens Jesu lehrte.[42]

Über Meister Jesu hat Hella Wiesberger aus persönlichen Gesprächen, die Friedrich Rittelmeyer mit Rudolf Steiner hatte, mitgeteilt: »Auf die Frage nach dem Gottesfreund vom Oberland habe Rudolf Steiner geantwortet, daß er der Meister Jesu gewesen sei, der seit dem Mysterium von Golgatha in jedem Jahrhundert inkarniert sei. Auf die weitere Frage, ob er auch jetzt inkarniert sei, wurde geantwortet: Derzeit hält er sich in den Karpathen auf und Rudolf Steiner habe angedeutet, daß er mit ihm in rein geistiger Verbindung stehe.«[43]

Meister Jesu vertritt heute die christlich-mystische Schulung und Einweihung, die ein Mensch, der in der Arbeitswelt steht, nicht mehr gehen kann. Für unsere Zeit hat Rudolf Steiner in »Wie erlangt man Erkenntnisse der höheren Welten?« den rosenkreuzerischen Schulungsweg beschrieben. Die Inkarnationen, die Rudolf Steiner von Meister Jesu nennt, weisen in eine andere Richtung als seine eigenen.[44]

Als ersten Repräsentanten der Christus-Strömung nennt Rudolf Steiner **Jeshu ben Pandira**. Dieser Bodhisattva wurde etwa 120 bis 130 Jahre vor dem Jesus von Nazareth geboren. In jungen Jahren wurde er schon Schüler des Rabbi Josua Ben Perachja, der ein berühmter Lehrer im Pharisäerorden war. Als es zu blutigen Verfolgungen der Pharisäer kam, floh Josua Ben Perachja mit seinem Schüler Jeshu Ben Pandira nach Alexandria in Ägypten und blieb dort längere Zeit. Jeshu Ben Pandira wurde später der große Reformator der Essäer Ordensgemeinschaften. Die einzigartige Größe seiner Persönlichkeit ist daran zu erkennen, daß er die philosophische Gedankenentwicklung der Menschheit bis in seine Zeit hinein überschaute. Aus diesem Wissen erkannte er, daß eine

---

42 Friedrich Rittelmeyer, »Gespräche mit Rudolf Steiner«
43 GA 264, Seite 238
44 Leipzig, 19. Februar 1909, GA 109, 1965, Seite 288

kosmisch hohe Wesenheit sich mit der Menschheit verbinden mußte, damit durch diesen Einschlag eine Aufwärtsentwicklung wieder möglich würde. Im Hinblick auf Jeshu Ben Pandira führt Rudolf Steiner aus:

»Nehmen wir an, ein Jahrhundert vor Christus würde ein Einsichtiger der ganzen Sache zuschauen . . . Und weiter würde dieser gesagt haben: Gewiß, die Menschen neigen dahin, immer mehr und mehr Vernunft zu gebrauchen, immer mehr auf den Verstand zu pochen. Aber indem sie das tun, bauen sie sich eine Mauer vor die geistige Welt, denn sie gebrauchen ein Instrument, das auf die geistige Welt gar nicht anwendbar ist . . . Da können Sie auch begreifen, was notwendig war, um jenen Menschen vorzubereiten, den ich zunächst hypothetisch vor Ihre Seele gestellt habe, der etwa ein Jahrhundert vor unserer Zeitrechnung vorhergesagt hätte: es müsse einer kommen, der den Impuls gibt, welcher den Umschwung bringt. Das mußte eine bedeutsame Persönlichkeit sein. Sie wurde auch genügend vorbereitet. Man versuchte seit langer Zeit in den Kreisen derer, die da wissen, die Möglichkeit herbeizuführen, daß sozusagen wenigstens einige die herannahende Zeit begreifen . . . Und derjenige, der etwas mehr als ein Jahrhundert vor unserer Zeitrechnung ausersehen war, prophetisch das zu lehren in Kreisen, die dies verstehen konnten, war ein Eingeweihter der Essäergemeinde . . . Derjenige, der dieses innerhalb der Essäergemeinde lehrte, war eine sehr bedeutende Individualität.«[45]

Jeshu Ben Pandira hat sich durch seinen Aufenthalt in Alexandria das philosophische Wissen seiner Zeit erarbeitet. »Erst wenn man das gesamte Wissen der Erde in sich aufgenommen hat, um schaffen zu können, ist man ein Bodhisattva.« Dieses Wissen bekommt ein Bodhisattva nicht inspiriert, er muß es sich durch das Studium

---

45   Nürnberg, 13. November 1910, GA 125

erarbeiten. Alexandria hatte die größten Bibliotheken in der damaligen Welt.

»Dieser Jeshu ben Pandira – man darf ihn nicht verwechseln mit Jesus von Nazareth – der der große Vorverkünder des Christus war, hatte aufzeichnen lassen was er wußte, und diese Urkunde kam dann in die Hände desjenigen, der sie da hineinfügte mit ihren Geheimnissen in das Evangelium, das wir das Evangelium nach Matthäus nennen. Das ist eine wichtige, eine hervorragend wichtige Tatsache, einzusehen: erstens die Notwendigkeit des Christus-Impulses, dann, geisteswissenschaftlich-historisch, wie Jeshu ben Pandira in gewisser Weise sogar bildlich vorlebt – indem er zuerst gesteinigt und dann gleichsam hinterher gekreuzigt wird – das, was dann als das Christus-Mysterium von Golgatha sich vollzieht.« [46]

Fünf Schüler hatte Jeshu Ben Pandira: Matthai, Nezer, Naki, Buni und Toda. Es zeugt für den Weitblick dieser großen Persönlichkeit, mit welchen Aufgaben er seine Schüler betraute. Er sandte seinen Schüler Nezer zur Begründung einer kleinen Essäerkolonie an einen Ort, der später seinen Namen trug: Nazareth. Der Name Nezer bedeutet: das frische Reis. Nezer hat vor allem die Pflege der Vererbungsströmung für wichtig erachtet, damit dem Messias eine reine Leiblichkeit als Gefäß der Menschwerdung dargeboten werden konnte. Er wußte durch seinen Lehrer, daß etwa drei bis vier Generationen später dieses Kind, der Messias, geboren werden sollte. So bereitete Jeshu Ben Pandira bewußt vor, daß durch die lukanische Maria der Jesusknabe geboren werden konnte, der der Träger des Christus bei der Jordantaufe wurde. Einem weiteren Schüler mit Namen Matthai gab er den Auftrag, die Stationen des Einweihungsweges niederzuschreiben.

---

46 Nürnberg, 13. November 1910, GA 125

Jeshu Ben Pandira wußte, daß der Messias, wenn er auf Erden erscheint, als der große Hierophant, die Mysterien durch sein Leben erneuern würde. Matthai hat seine Darstellung an seine Schüler weitergegeben, bis sie an den Jünger kamen, der das Matthäusevangelium geschrieben hat. Ein weiterer Schüler hieß Toda, was Dank, Eucharistie bedeutet. Er erhielt den Auftrag, die Essäergemeinschaft auf das Kommen des Messias vorzubereiten. Sie sollten durch ein heiliges Leben in sich die Katharsis vollziehen, damit sie durch Gebete und Pflege der kultischen Handlungen sich auf das Kommen des Christus vorbereiteten. Es sollte eine Gemeinschaft da sein, die ein Bewußtsein von dem kommenden großen Ereignis hatte.

Jeshu Ben Pandira kannte durch seine hellseherische Forschung das geistige Gesetz, daß es zweimal zweiundvierzig Generationen von Abraham an dauern würde, bis der Keim, der in Abraham hineingelegt wurde, in der Vererbungsströmung voll zur Reife kommen würde. Er bereitete durch seine Schüler vor, daß zur Zeitenwende die Geburt des Knaben aus der salomonischen Linie und des Knaben aus der nathanischen Linie sich vollziehen konnte. Am Vorabend des Passahfestes, am Karfreitag, wurde Jeshu Ben Pandira, der etwa 33 Jahre alt war, in Lydda zuerst gesteinigt und dann ans Kreuz geschlagen. »Am Vorabend des Passah hängten sie Jesus, und der Herold ging vor ihm her 40 Tage lang und rief: Jesus der Nazoräer geht hin, daß er gesteinigt werde, weil er Zauberei getrieben und Israel verführt und verlockt hat ... und so erhängten sie ihn am Vorabend des Passah.«[47]

Die 1947 in den Höhlen von Qumran gefundenen Schriftrollen sprechen von dem Lehrer der Gerechtigkeit, der von Gott alle Geheimnisse in prophetischen Worten offenbart erhalten habe. Er

---

47 Babylonischer Sanhedrin 43a nach Emil Bock, »Cäsaren und Apostel«,
     Urachhaus Stuttgart

wird bezeichnet als der Priester, durch den Gott alle Dinge offenbart.

»Dieser in Jeshu ben Pandira Verkörperte ist derselbe, der einstmals der Maitreya Buddha sein wird und der von Jahrhundert zu Jahrhundert immer wieder in einem fleischlichen Leibe erscheint, und zwar noch nicht selber als Buddha, sondern als Bodhisattva. Auch in unserem Zeitalter gehen von diesem ... die bedeutendsten Lehren über die Christus-Wesenheit und über die Feuersöhne der Inder – die Agnishvattas – (Erzengel) aus.«[48]

Rudolf Steiner hat in vielen Vorträgen über die sieben Erzengel-Wesenheiten und insbesondere über das Michael-Zeitalter gesprochen. Er konnte diese Tatsachen selbst in der geistigen Welt erforschen und brauchte dazu nicht die Inspiration einer anderen auf Erden verkörperten Persönlichkeit.

Es sei an dieser Stelle noch ein Hinweis eingefügt. Übereinstimmend wird angenommen, daß ein Zusammenhang besteht zwischen Rudolf Steiner und Aristoteles. Demnach müßte aber auch zwischen Aristoteles und Jeshu Ben Pandira eine karmische Verbindung bestehen. Jeshu Ben Pandira ist ein Bodhisattva; es ist darum bedeutsam, wie Rudolf Steiner auf Aristoteles innerhalb eines Vortrages über das Wesen eines Bodhisattva hinweist:

»Es ist etwas anderes, in späteren Zeiten gewisse Fähigkeiten zu entwickeln, und etwas anderes, sie zuerst hervorzuholen aus den tiefen Schächten des menschlichen Gemüts. Nehmen Sie dazu ein anderes Beispiel. Heute eignet sich die Regeln des logischen Denkens der jugendliche Mensch an. Logisch zu denken gehört heute zu den allgemeinen, menschlichen Fähigkeiten, die der Mensch aus seinem Innern heraus entwickelt. Damit diese Fähigkeit zuerst

---

48 Basel, 1. Oktober 1911, GA 130

aus einer menschlichen Brust kam, dazu gehörte der große Geist des griechischen Denkers Aristoteles. Es ist etwas anderes, zuerst etwas herauszuholen, aus den Schächten des menschlichen Gemütes, und es herauszuholen, nachdem es sich eine Zeitlang in der Menschheit entwickelt hatte.

Nun gehörte das, was der Buddha den Menschen zu sagen hatte, zu den größten Lehren auf lange Epochen hin. Daher gehört auch das große Gemüt eines Bodhisattva, eines so hoch Erleuchteten dazu, um es zuerst in einem Menschen gegenwärtig werden zu lassen. Nur wer im höchsten Sinne erleuchtet war, konnte zuerst in seiner Seele erstehen lassen, was nach und nach Allgemeingut der Menschheit werden sollte.«[49]

Jede hohe Fähigkeit, die von einem Menschen errungen wird, kann dadurch Allgemeingut der Menschheit werden, daß sich ein Erzengel mit dieser Persönlichkeit verbindet und sie durchdringt. – Ein solcher Mensch ist aber ein Bodhisattva.

Rudolf Steiner – der Lehrer der Menschheit

Alle Bodhisattvas haben eine eigenständige, für die Evolution notwendige Aufgabe. Die gegenwärtige Aufgabe liegt darin, die Menschheit vom heutigen Zeitalter des Intellektualismus über das des Ästhetizismus zu dem Zeitalter der Moralität zu führen.

»Die orientalischen, okkulten Lehren nennen daher diesen Bodhisattva den Bringer des Guten: Maitreya-Buddha. Und wir wissen aus okkulten Forschungen, daß dieser Maitreya-Buddha die Kraft des Wortes in einer solchen Weise haben wird, daß sich die heutigen Menschen noch gar keine Vorstellung machen können ... Der

---

49   Basel, 17. September 1909, GA 114

Gautama Buddha hat große intellektuelle Lehren vom rechten Sprechen, rechten Lehren, rechten Denken und so weiter in dem achtgliedrigen Pfade ausgesprochen; der Maitreya-Buddha wird Worte haben, die unmittelbar durch ihre magische Kraft zu moralischen Impulsen werden bei Menschen, die sie hören. Und würde es für ihn einen Johannes-Evangelisten geben, so würde der noch anders sprechen müssen, als der Johannes-Evangelist von dem Christus sprach. Da heißt es: ›Und das Wort ist Fleisch geworden‹; der Johannes-Evangelist des Maitreya-Buddha würde sagen müssen: und das Fleisch ist Wort geworden.«[50]

Damit ist eine der größten Aufgaben genannt, die von einer menschlichen Individualität vollzogen wird. Eine zukünftige, vergeistigte Leiblichkeit wird von dem Bodhisattva veranlagt.

»Dasjenige Organ, das sich heute schon darauf vorbereitet, das zukünftige Fortpflanzungsorgan zu werden, ist der menschliche Kehlkopf. Heute kann er nur Luftschwingungen hervorbringen, er kann nur dasjenige, was in einem Worte liegt, der Luft mitteilen, so daß die Schwingungen dem Worte entsprechend sind. Später wird aus diesem Kehlkopfe nicht nur das Wort in seinem Rhythmus hervordringen, sondern dieses Wort wird vom Menschen durchleuchtet werden, es wird durchdrungen werden vom Stoffe selber. So wie heute das Wort nur zur Luftwelle wird, so wird in Zukunft des Menschen inneres Wesen sein eigenes Ebenbild, wie es heute im Worte ist, aus dem Kehlkopfe herausdringen. Der Mensch wird aus dem Menschen hervorgehen, der Mensch wird den Menschen aussprechen. Und das wird zukünftig die Geburt eines neuen Menschen sein, daß er ausgesprochen wird von einem anderen Menschen.«[51]

---

50 Mailand, 21. September 1911, GA 130
51 München, 5. Juni 1907, GA 99

Wenn der Maitreya fünftausend Jahre nach dem Beginn seiner Mission seine letzte Inkarnation auf Erden hat, wird er diese neue Fähigkeit seinem physischen Leib eingeprägt haben. Bis zu diesem Zeitpunkt müssen genügend Menschen den achtgliedrigen Pfad des Gautama Buddha aus eigener Kraft entwickelt haben. Dann können sie von dem Maitreya-Buddha, dem Bringer des Guten durch das Wort, aus dem Geistgebiet geführt werden. Durch den achtgliedrigen Pfad wird die sechzehnblättrige Lotosblume, die mit dem Kehlkopf zusammenhängt, ausgebildet.

Wiederum hat die Menschheit dann einige Jahrtausende Zeit, um die Fähigkeiten, durch die moralischen Kräfte des Wortes zu wirken, sich selbst anzueignen. In der Gegenwart könnte der Bodhisattva durch seinen Kehlkopf noch keine Worte sprechen, wie sie einstmals der Maitreya sprechen wird. Heute gibt die menschliche Organisation noch nicht solche Möglichkeiten her. Aber in ferner Zukunft muß jeder Mensch durch die Kraft seines dann umgebildeten Kehlkopfes schöpferisch werden; denn die Inkarnation durch die geschlechtliche Fortpflanzung hört etwa im siebenten Jahrtausend auf.

Auf dem Wege dahin müssen die beiden Seelenkräfte, die intellektuelle und die moralische Kraft, die in der Gegenwart immer mehr auseinanderfallen, und die Niedergangskräfte bedingen, eine Einheit werden. Heute kann ein Mensch große Intelligenz besitzen und doch Anzeichen moralischer Idiotie zeigen. Wenn spirituelle Ideen mit dem ganzen Menschen erlebt und zu Idealen werden, kann sich Intellektualität und Moralität im Menschen verbinden. Ein Weg zu diesem Ziel ist, wenn eine Regel mit zur Richtschnur des Lebens gemacht wird: »*Jede Idee, die dir nicht zum Ideal wird, ertötet in deiner Seele eine Kraft; jede Idee, die aber zum Ideal wird, erschafft in dir Lebenskräfte.*«[52]

In unserer Zeit fallen bestimmte Entscheidungen. Es werden

---

[52] »Wie erlangt man Erkenntnisse der höheren Welten?«, GA 10, »Bedingungen«

nur die Menschen sich in die Verhältnisse nach der siebenten Kulturepoche einleben können, die in der Zeit von der fünften zur sechsten Kulturepoche die Möglichkeit geschaffen haben, die übersinnlichen Erkenntnisse mit den Verstandes- und Gemütskräften zu durchdringen. Die anderen müssen dann zurückbleiben.[53] In diesem Zeitraum, der für alle Menschen entscheidend ist, hat Rudolf Steiner als der führende Bodhisattva zu wirken.

Zwischen dem gegenwärtigen Zeitalter des Intellektualismus und dem Zeitalter der Moralität, das in der siebenten Kulturepoche von einem Teil der Menschheit erreicht wird, liegt das Zeitalter des Ästhetizismus, in dem die Lebensäußerungen des Menschen vom Künstlerischen durchdrungen sein werden. Das Nützlichkeitsprinzip wird dann überwunden sein. Keime für diese Zeit müssen schon heute gelegt werden. In den Formen des ersten Goetheanums, dem Bau des Wortes, war veranlagt, daß besonders der westliche Mensch durch die Kunst zum Erleben des Übersinnlichen hätte kommen können. In dem Zeitalter des Ästhetizismus wird der Mensch das unmittelbare Erleben des Übersinnlichen auch musikalisch empfinden, und in der Musik wird einmal der Christus-Impuls gefunden und in seiner Größe erlebbar werden.[54] Künstlerisches und religiöses Erleben veredeln die Seele des Menschen. Diese Veredelung des Seelenlebens ist notwendige Voraussetzung für die Begründung der Moralität in einem künftigen Zeitalter.

Rudolf Steiner hat auf die Inkarnation des Bodhisattva im 20. Jahrhundert hingewiesen: *»Der Nachfolger des Buddha, der heute ein Bodhisattva ist, ist denjenigen, die in der Geisteswissenschaft bewandert sind, wohl bekannt, und es wird schon einmal die Zeit kommen, wo über diese Tatsachen ausführlich gesprochen werden wird, wo auch der Name dieses Bodhisattva zu*

---

53 »Die Geheimwissenschaft im Umriß«, GA 13 tb, Seite 304
54 Torquay, 22. August 1924, GA 243, 1993, Seite 235

nennen ist, der dann zum Maitreya-Buddha werden wird. Jetzt,
wo schon so viele der Außenwelt unbekannte Tatsachen gesagt
worden sind, müssen wir uns darauf beschränken, nur darauf
hinzuweisen.«[55]

Er hat den Namen dieser Persönlichkeit nicht ausgesprochen,
aber immer wieder auf diesen Bodhisattva hingewiesen. Namentlich genannt hat er die Persönlichkeit des Jeshu Ben Pandira
und betont, daß der Gautama Buddha seinem Nachfolger das
Amt eines Lehrers der Menschheit vor seinem letzten Herabstieg auf Erden übertragen hat. Das geschah um die Zeit des
sechsten vorchristlichen Jahrhunderts. Da der Bodhisattva fast in
jedem Jahrhundert verkörpert ist, müßten demnach noch Inkarnationen vor Jeshu Ben Pandira liegen (und danach). Emil Bock
hat in seinen Vorträgen über Rudolf Steiner auf den karmischen
Zusammenhang mit Aristoteles hingewiesen und auf die vorhergehende Inkarnation dieses großen griechischen Denkers in
Ephesus.[56] Er stützt sich bei seinen Darstellungen auf die Vorträge Rudolf Steiners während der Weihnachtstagung 1923, in
denen auf ein vorhergehendes Erdenleben von Aristoteles eingegangen wird, das zu der Zeit lag, als Heraklit (550 bis 480
v. Chr.) auch in Ephesus lebte. Ita Wegman hat anläßlich der Er-
öffnung des zweiten Goetheanums in einem Vortrag diese Persönlichkeit genannt: Kratylos. (Diesen Namen hat ihr Rudolf
Steiner mitgeteilt.) In Ephesus erlebte der Einzuweihende in besonderer Weise die Mysterien des Wortes, die in späterer Zeit in
den Anfangsworten des Johannesevangeliums zum Ausdruck
kommen: »Im Urbeginne war das Wort. Und das Wort war bei
Gott. Und ein Gott war das Wort.«

---

55   Basel, 25. September 1909, GA 114
56   Emil Bock, Rudolf Steiner – Studien zu seinem Lebensgang und Lebenswerk,
     Vortrag über Ephesus und die Gralsburg – Freies Geistesleben

In dieser kleinasiatisch-griechischen Mysterienstätte wurde der Schüler zum Erleben des Weltenäthers geführt. Ihm wurde klargemacht, wie das Weltenwort schöpferisch durch den Kosmos webt und der Mensch in seiner Sprache ein Abbild des Weltenlogos ist.

»Das war ein majestätischer, gewaltiger Eindruck, den der Mensch in Ephesus bekam, wenn er aufmerksam darauf gemacht wurde, daß in seiner Sprache der mikrokosmische Nachklang dessen lebt, was einmal makrokosmisch war ... So lebte sich der Schüler ein in das Kosmische, indem er in richtiger Weise sein eigenes Sprechen verstehen lernte: In dir ist der menschliche Logos. Der menschliche Logos wirkt aus dir während der Erdenzeit, und du bist als Mensch der menschliche Logos. – Denn in der Tat, durch dasjenige, was nach unten strömt im flüssigen Elemente, werden wir als Mensch geformt aus der Sprache heraus; durch dasjenige, was nach oben strömt, haben wir unsere menschlichen Gedanken während unserer Erdenzeit.«[57]

In dieser Mysterienschule wurden in der Seele des Schülers außerdem Fähigkeiten, die in den folgenden Inkarnationen weiter wirkten, ausgebildet. Dies waren Impulse, die geeignet waren, allen Egoismus in der Seele von Grund aus auszurotten. In sich mußte der Schüler die ganze Bedeutung des Egoismus für die Entwicklung auf dem physischen Plan erfahren. Er sollte erkennen, wie der Mensch im physischen Leibe nur Egoist sein kann, und mußte das Niederschmetternde einer solchen Erkenntnis voll durchleben, um durch Mitleid mit allem Menschlichen, Mitleid mit allem Kosmischen diesen Egoismus zu überwinden.

Noch eine weitere Eigenschaft wurde erworben, um den Ge-

---

57 Dornach, 27. Dezember 1923, GA 233, 1991, Seite 70

fahren entgegentreten zu können, die sich beim Überschreiten der Schwelle der geistigen Welt ergeben. Es mußte die Seele durchleben alle Gefühle des Grauens, der Furcht und der Angst, um sich neben dem Gefühl des Mitleids das der universellen Furchtlosigkeit anzueignen.[58]

Diese Fähigkeiten lebten in der Seele des Aristoteles wieder auf. Dadurch konnte er dann das Wesen der Tragödie so beschreiben: »Eine Tragödie ist eine Zusammenfügung aufeinanderfolgender Handlungen, die gruppiert werden um einen Helden und die geeignet sind, im Zuschauer das Gefühl von Furcht und Mitleid zu erregen, damit eine Läuterung der Seele des Zuschauers eintreten könne.«[59]

Diese Eigenschaften sind auch Voraussetzungen für das sich entwickelnde moralische Zeitalter: Mitleid mit allen Wesen, höchste Liebesfähigkeit und absolute Furchtlosigkeit. Diese Fähigkeiten leben in der Seele des Maitreya. Es sind Kräfte, mit denen er die Menschheit – gerade durch das »Finstere Zeitalter« – führen konnte.

Die Inkarnationen, die am Anfang der griechisch-römischen Kulturepoche lagen, nehmen eine besondere Stellung ein. In dem griechischen Kulturzeitraum wurde dem Menschen Zeit gelassen, alles das zu verarbeiten und nachklingen zu lassen in einem rein menschlichen Ich, was in die Seele durch viele Inkarnationen aus höheren Welten hineingelegt worden war. Individualitäten, die in den vorhergehenden Kulturen bedeutende Leistungen vollbracht hatten, konnten als Erinnerung in ihrer Seele nachklingen lassen, was sie in früheren Zeiten wie ein Geschenk aus der Götterwelt empfangen hatten. Entwickeln mußte sich das rein Menschliche in der eigenen Persönlichkeit. Christus ist in dieser Epoche Mensch geworden. Alles, was Menschen in Zukunft erreichen

---

58 Wie zuvor, Seite 61
59 Stuttgart, 29. Dezember 1910, GA 126, 1992, Seite 62

können, das reine Menschentum, wurde von ihm vorgelebt. Da die großen Eingeweihten innerhalb der Menschheit als erste dieses reine Menschentum verwirklichen, kann sich der Mensch an ihnen orientieren. Nach dem Christus-Ereignis hat eine hinaufsteigende, spirituelle Entwicklung begonnen, die in den zwei großen Geistesströmungen zum Ausdruck kommt. Die eine führte zur Begründung des Rosenkreuzertums. In ihr lebt, vor der Außenwelt verborgen, die neue Esoterik, die ausgebildet und gepflegt wird von den Meistern des Rosenkreuzertums. Das ist die Strömung, die als die Weisheitsströmung bezeichnet wird. Die zweite Strömung ist die Christus-Strömung, die die Erkenntnisfähigkeit vorzubereiten hat, damit der Christus in immer höherer Art von dem Menschen erkannt werden kann. Diese Strömung lebte im Mittelalter auf in dem Ringen, das menschliche Denken zu durchchristen.

»Wie trägt man die Christologie in das Denken hinein? Wie wird das Denken christlich gemacht? – Diese Frage steht welthistorisch da in dem Augenblicke, als Thomas von Aquino 1274 stirbt. Bis zu diesem Moment konnte er sich nur durchringen zu der Frage. Die Frage steht mit aller Herzinnigkeit da in der europäischen Geisteskultur ... Man konnte im 13. Jahrhundert noch nicht das christliche Erlösungsprinzip in der Ideenwelt finden; deshalb stellte man sie entgegen der Offenbarungswelt. Das muß der Fortschritt der Menschheit in die Zukunft hinein werden, daß nicht nur für die äußere Welt das Erlösungsprinzip gefunden werde, sondern daß das Erlösungsprinzip gefunden werde für die menschliche Vernunft. Die unerlöste menschliche Vernunft nur allein könnte sich nicht in die geistige Welt erheben. Die erlöste menschliche Vernunft, die das wirkliche Verhältnis zu Christus hat, die dringt ein in die geistige Welt. – Eindringen in die geistige Welt von diesem Gesichtspunkte aus ist Christentum des 20. Jahrhunderts, ist Christentum so stark, daß es in die innersten Fasern des-

jenigen hineindringt, was menschliches Denken, was menschliches Seelenleben ist.«[60]

In diesen Vorträgen über »Die Philosophie des Thomas von Aquino« führt Rudolf Steiner aus, daß die thomistische Philosophie, die im 13. Jahrhundert noch eine abstrakte Gestalt hatte, in der Gegenwart in der Anthroposophie weiterlebt. Die Anthroposophie vermag das Denken in seiner Qualität zu verändern und zum Erfassen der Geistigkeit der Welt zu führen. Es kann »christlich« sein, es kann die Welt spirituell erfassen und damit verwandeln.

In der Gedankenentwicklung der Menschheit vom Beginn des Entstehens der Logik bei Aristoteles bis zur Begründung der anthroposophisch orientierten Geisteswissenschaft hat der Repräsentant der zweiten Strömung, der Christus-Strömung, das Denken so verwandelt, daß dieses zur »sündenlosen Erkenntnis« führt.

Daß Rudolf Steiner der Eingeweihte war, der allein in seiner Zeit das Erforschte in die begriffliche Erkenntnis bringen konnte, geht aus einem Gespräch hervor, das Maria Röschl-Lehrs im Frühjahr 1924 mit Rudolf Steiner hatte. Sie stellte ihm die Frage, ob es in unserer Zeit Eingeweihte gebe, die so hoch und weit zu schauen vermöchten wie er. Seine Antwort war, das wohl, aber keinen, der das Geschaute in die Gestalt von Gedanken zu kleiden vermöchte, die es dem Leser oder Hörer ermöglichen würde, es im eigenen Denken nachzuvollziehen. Denn das verlange, das geistig Wahrgenommene bis in das Gehirn hineinzutragen, und das sei ein Opfer, das keiner sonst zu bringen vermöchte.[61]

Um den Lehrer der Menschheit erkennen zu können, der im

---

60 Dornach, 24. Mai 1920, GA 74
61 Von diesem Gespräch berichtet Ernst Lehrs in seinem Buch »Gelebte Erwartung«, Mellinger, Stuttgart, Seite 321

20. Jahrhundert als Bodhisattva auftritt, werden zwei Kennzeichen hervorgehoben:

1. Im 33. Lebensjahr gibt sich der Bodhisattva zu erkennen

»Wie der Christus Jesus im dreißigsten Jahre seines Lebens sein Werk begann, so geben sich die Bodhisattvas, die weiterhin den Christus verkünden werden, im dreiunddreißigsten Jahre ihres Lebens zu erkennen.«[62]

Wenn Rudolf Steiner der Bodhisattva des 20. Jahrhunderts ist, dann muß er in seinem 33. Lebensjahr etwas von der Mission des künftigen Maitreya gezeigt haben. Es ist aber bekannt, daß ein Eingeweihter nicht vor seinem 40. Lebensjahr über eigene spirituelle Forschungen sprechen darf. Er kann jedoch darlegen, daß er die wissenschaftlichen und philosophischen Erkenntnisse seiner Zeit beherrscht. Der Bodhisattva hat die Aufgabe, in der Menschheit das moralische Zeitalter herbeizuführen. In der Gegenwart konnte er in wissenschaftlicher Form aufzeigen, worin die Freiheit des Menschen besteht. Was moralische Intuition und moralische Technik ist, das hat Rudolf Steiner in seiner »Philosophie der Freiheit« dargestellt, die er in seinem 33. Lebensjahr veröffentlichte.[63] Er hat mit dieser Schrift seinen Beitrag für unsere fünfte Kulturepoche geleistet. In der »Philosophie der Freiheit« ist in der Darstellung der moralischen Intuition die höchste Moralanschauung gegeben, die die Anleitung dazu gibt, wie die toten Gedanken, als Moralimpulse wiederbelebt, zur Auferstehung gebracht werden können. Mit der Freiheitsphilosophie ist aufge-

---

62 Basel, 1. Oktober 1911, GA 130
63 Die »Philosophie der Freiheit« erschien am 15. November 1893, Rudolf Steiner hat drei Monate später sein 33. Lebensjahr vollendet

zeigt worden, wie es möglich ist, die Brücke zu finden von der Philosophie zum Christus-Geist, der die Summe aller möglichen Intuitionen in seinem Wesen trägt. Hier zeigt sich die individuelle Leistung des Bodhisattva, der als Mensch den Weg zu den Quellen aller moralischen Intuitionen gefunden hat und diesen der übrigen Menschheit weist.

Die Bedeutung der moralischen Intuitionen schildert Rudolf Steiner in einem Vortrag:

»Dieses Geistwesen [der Sonne], *das dachten sich die Initiierten als den Quell alles Moralischen. Dasjenige also, wovon ich in meiner ›Philosophie der Freiheit‹ sagte, daß die moralischen Intuitionen aus diesem Quell herausgenommen werden, sie werden innerhalb der Erde herausgenommen; von dem Menschen erglänzen sie, von dem, was in dem Menschen als moralische Begeisterung leben kann. Denken Sie einmal, wie unsere Verantwortlichkeit erhöht wird, wenn wir wissen: Es wäre niemand auf der Erde, der für wahrhafte, echte Moral oder überhaupt geistige Moral erglühen kann in seiner Seele, so würden wir nicht beitragen zu einem Fortgange unserer Welt, zu einer Neuschöpfung, sondern zu einem Absterben unserer Welt. Diese Leuchtekraft, die hier auf der Erde ist, wirkt ins Weltall hinaus. Das ist allerdings eben für das gewöhnliche menschliche Wahrnehmen zunächst unwahrnehmbar, wie das hinausstrahlt von der Erde, was in dem Menschen Moralisches lebt. Ja, wenn über die ganze Erde heraufziehen würde ein trauriges Zeitalter, in dem Millionen und aber Millionen von Menschen nur in Ungeistigkeit vergehen würden – das Geistige zu gleicher Zeit hier einschließlich des Moralischen gedacht, denn so ist es ja auch, – dann würde, wenn nur ein Dutzend Menschen mit heller moralisch-geistiger Begeisterung da wären, doch die Erde erstrahlen geistig-sonnenhaft.«* [64]

---

64 Dornach, 18. Dezember 1920, GA 202, 1988, Seite 195

2. Der entscheidende Seelenumschwung

»Jedesmal, wenn der Bodhisattva geboren wird, zeigt es sich, daß im dreißigsten bis einunddreißigsten Jahre eine andere Persönlichkeit von seinem Körper Besitz ergriffen hat ... Die Individualitäten, die so Besitz ergreifen werden von der Persönlichkeit eines anderen Menschen, sind Individualitäten, die in alten Zeiten gelebt haben und nicht als Kind erscheinen werden, Individualitäten wie Moses, Abraham, Ezechiel ... Zwischen dem dreißigsten und dreiunddreißigsten Jahre zeigt er sich erst durch seine eigene Kraft, ohne daß von andern auf ihn erst hingewiesen sein wird; durch eigene Kraft wird er überzeugen.«[65]

Der gewaltige Umschwung im Leben eines Bodhisattva hängt damit zusammen, daß der Bodhisattva das Christus-Leben nachlebt: ».. . Wenn auch bei ihm nicht, wie beim Christus-Jesus das Ich aufhört und durch ein anderes ersetzt wird.« Die Zeit, in der sich der Seelenumschwung vollzieht, wird präzise genannt: zwischen dem dreißigsten und einunddreißigsten Lebensjahr. Es wird von Autoren, die über dieses Thema geschrieben haben, darauf hingewiesen, daß bei Rudolf Steiner in den angeführten Lebensjahren ein solcher Lebensumschwung nicht vollzogen wurde. Er selbst berichtet in »Mein Lebensgang«, daß erst mit dem 35. Lebensjahr in seiner Seele ein tiefgehender Umschwung seinen Anfang genommen hat. Dieser bestand darin, daß sein Beobachtungsvermögen für die Vorgänge in der physischen Welt in einer Genauigkeit und Eindringlichkeit sich ergab, wie dies vor diesem Zeitpunkt nicht möglich war. Das gesteigerte Beobachten der physischen Welt führte zu einem gesteigerten Beobachtungsvermögen für die geistige Welt und zugleich zu einem Erleben des Rätselhaften in der Welt. Die Umwandlung, die sich zwischen dem dreißigsten

---

65 Mailand, 21. September 1911, GA 130

und einunddreißigsten Lebensjahr bei der Bodhisattva-Individualität vollzieht, wird ganz anders beschrieben. Eine höhere Wesenheit, die nicht als Kind geboren wird, verbindet sich mit dem Eingeweihten, »ergreift Besitz« von ihm.

Es gibt aber einen Brief an Rosa Mayreder, der vom 20. 5. 1891 datiert ist. Rudolf Steiner befindet sich in seinem einunddreißigsten Lebensjahr. Die Briefstelle lautet: »*Und so sehe ich mich den ganzen Tag hindurch in einer Tätigkeit, die mein Ich, wie es vor 5 bis 4 Jahren war, mit großer Hingebung getan hätte. Indem ich sie h e u t e vollbringe, tue i c h sie nicht mehr. [...] Wie gesagt: bis auf den Umstand, daß ich die Haut endlich einmal abwerfen will, die, seit zwei Jahren organisch getrennt, mich nur noch wie eine organisch gewordene Schale umgibt. Sonst ist mein ganzes Dasein Lüge und Unsinn: mein Wirken nicht meines, sondern das einer elenden Marionette, gezogen von Fäden, die ich vor Jahren gesponnen habe, die ich aber jetzt nicht einmal berühren, geschweige denn selbst hören möchte.*«[66]

Diese Äußerungen Rudolf Steiners geben einen Hinweis, daß er sich in seinem Ich anders erlebt als Jahre zuvor und damit auch seine Lebensaufgabe in einem anderen Lichte sieht. Im übrigen ist ein derartig intimer Seelenumschwung ein tief inneres Erlebnis, von dem nicht erwartet werden kann, daß Rudolf Steiner es in der Öffentlichkeit bespricht. Aber eine Durchseelung ist eine Tatsache. Selbst eine so große Individualität wie Rudolf Steiner, die ihre Lebensaufgabe, ja, ihre Menschheitsaufgabe b e w u ß t aufgriff, könnte ohne Hilfe aus der geistigen Welt ihr Ziel nicht erreichen.

»*So sehen wir auf der einen Seite den hinaufsteigenden Menschen, der im Auge hat bei dieser Hinaufentwicklung sein Gottesziel. Aber der Mensch würde sich zu solchen Höhen, zu denen er sich*

---

[66] Brief 65, Briefe I, Selbstverlag Marie Steiner, Dornach 1948

entwickeln soll, niemals entwickeln können, wenn ihm nicht ge-
wissermaßen zu Hilfe kämen Wesenheiten, welche im Weltganzen
andere Wege der Entwicklung durchgemacht haben als der
Mensch. Von Zeit zu Zeit, so können wir es etwa ausdrücken,
kommen Wesen aus anderen Sphären in unsere Erdenevolution
herein und verbinden sich mit der menschlichen Entwickelung,
um den Menschen zu ihren eigenen Höhen hinaufzuheben ...
Aber es steigen immerzu – des Ausdrucks darf man sich dabei
wohl bedienen – Wesenheiten, welche dem Menschen in ihrer Ent-
wickelung vorangeeilt sind, herab zu dem Menschen, verbinden
sich mit der menschlichen Evolution dadurch, daß sie zeitweilig
innerhalb einer Menschenseele wohnen, innerhalb einer menschli-
chen Wesenheit, wie man wohl auch sagt, Menschengestalt anneh-
men, oder wenn man es trivialer ausdrücken will, wie eine Kraft
in der menschlichen Seele auftreten, welche diese Menschenseele,
sie inspirierend, durchdringt; so daß ein solches Menschenwesen,
das von einem Gott durchseelt ist, innerhalb der menschlichen
Evolution mehr wirken kann als sonst ein Mensch ... Dem an-
throposophisch Denkenden sollte es von vornherein einleuchtend
sein, daß diese zwei Dinge möglich sind: das Hinaufentwickeln
des Menschen der Gotteshöhe entgegen und das Heruntersteigen
göttlich-geistiger Wesenheiten in menschliche Leiber oder mensch-
liche Seelen.«[67]

Es wurde beschrieben, daß der Mensch zu den Höhen, zu denen
er sich entwickeln soll, nur aufsteigen kann, wenn Wesen, die eine
andere Entwicklung durchlaufen wie der Mensch, sich zeitweilig
mit einer Menschenseele verbinden. Durch die Durchseelung eines Menschen mit einem göttlichen Wesen kann dieser für die
Evolution mehr leisten als ein gewöhnlicher Mensch. Eine Persönlichkeit, die bis in den Ätherleib von einem Erzengel durch-

---

67   Bern, 12. September 1910, GA 123

seelt ist, wird Bodhisattva genannt. Nun spricht Rudolf Steiner in bezug auf den gegenwärtigen Bodhisattva, daß sich mit ihm eine Individualität des althebräischen Volkes verbindet und mit Namen genannt werden: Abraham, Elias, Moses und Ezechiel (Hesekiel).

Wir haben also zwei Aussagen. Man kann sich dem Verständnis nähern, wenn man darauf hinschaut, daß »der Geist Abrahams« das kommende dritte Jahrtausend führen wird. Auf Abraham und das abrahamitische Zeitalter soll im nächsten Kapitel näher eingegangen werden.

Abraham und das dritte Jahrtausend

Abraham nimmt unter den Patriarchen eine besondere Stellung ein. In seiner Persönlichkeit waren alle fortschrittlichen Kräfte wie ein Extrakt vereinigt, welche im Laufe der ersten drei nachatlantischen Kulturepochen von Menschen errungen worden waren. Die Begegnung mit Melchisedek, dem Priester des allerhöchsten Gottes, bedeutet eine Art von Initiation für Abraham.

»Schon in der vorchristlichen Zeit war es einem solchen Menschheitsführer, wie dem Abraham, in der Begegnung mit Melchisedek, oder Malekzadik, gegeben, sich die Kräfte für die Sonnen-Sphäre anzueignen ... Die geistigen Augen des Abraham waren vollständig aufgetan für das Akasha-Bild des Christus in der Sonnen-Sphäre ... Wenn auch in die Erkenntnis-Sphäre dieser alten Zeiten noch nicht das Mysterium von Golgatha hineingewirkt hat, so war es für diejenigen, die aus den Tiefen des Seins heraus die intimen Wahrheiten holten, durchaus möglich, auch das zu gewinnen, was es den Menschen möglich machte, aus der Sonne das zu holen, was ihre Ätherleiber in der entsprechenden Weise erneuern konnte. Aber diese Möglichkeiten hörten mit der weiteren Ent-

wicklung der Menschheit auf; und sie müssen aufhören, weil immer neue Kräfte in die Menschheit hineingefügt werden müssen.«[68]

Abraham hat die alten Fähigkeiten der Hellsichtigkeit bewußt aufgegeben. Ihm war es möglich, durch eine besondere Gestaltung seines Gehirns in einer physischen Leiblichkeit zu einem neuen Bewußtsein von der geistig-göttlichen Welt zu kommen. Der Keim, der in Abraham sich bildete, war die Fähigkeit des kombinatorischen Denkens und der mathematischen Logik, die er als Erster ausbildete. Abrahams Mission war, daß er durch die Generationenfolge dem Messias eine Leiblichkeit vorbereiten sollte:

»Es legte gleichsam eine göttlich-geistige Wesenheit in die Organisation des Abraham hinein den Keim für alle die Organisationen, die von ihm in der Generationenfolge abstammen sollten. Also sagte sich ein Essäer der damaligen Zeit: Was eigentlich das hebräische Volk bilden konnte, wodurch es der Träger der Christus-Mission werden konnte, das wurde zuerst in der Anlage bewirkt durch jenes geheimnisvolle Wesen, das man nur finden kann, wenn man durch die ganze Generationenfolge hinaufsteigt bis zu Abraham, wo es gleichsam hineingeschlüpft ist in die innere Organisation des Abraham, um dann durch das Blut hindurch als eine Art von Volksgeist im althebräischen Volke zu wirken.«[69]

Wer es war, der in Abraham den Keim legte und gleichsam in seine Organisation hineinschlüpfte, wird nicht angegeben. Was jedoch betont wird, ist, daß Abraham die Hingabekräfte an die Jahve-Wesenheit im höchsten Maße ausgebildet hatte und daß Mi-

68   Berlin, 20. November 1912, GA 141, 1983, Seite 50
69   Bern, 5. September 1910, GA 123

chael in der vorchristlichen Zeit das Antlitz Jahves war. Wenn Menschen ihre Seele zu Jahve erhoben, kamen sie zunächst mit Michael in Verbindung. Jahve selbst gehört der Hierarchie der Elohim, der Geister der Form, an. Seine Wesenheit war so groß und erhaben, daß Menschen vor Ehrfurcht nicht wagten, seinen Namen direkt auszusprechen. Abraham war bereit, seinen Sohn Isaak der Gottheit zu opfern. Mit Isaak aber hätte Abraham die Organisation hingeopfert, welche der Menschheit die physische Grundlage für die Intellektualität und damit für die Persönlichkeitsbildung geben sollte. Indem Abraham den Sohn von der Gottheit geschenkt bekommt, konnte sich die Menschheitsorganisation entwickeln, die es dem einzelnen des althebräischen Volkes möglich machte, im nachtodlichen Sein sich im »Schoße des Stammvaters Abraham« zu erleben.

Die Bedeutung Abrahams ist zu verstehen, wenn man beachtet, daß er die Stufe der Einweihung erreichte, die als fünfte und sechste bezeichnet wird. Ein im fünften Grad Eingeweihter ist der Vermittler zwischen den eigentlichen Volksführern, den Archangeloi, und dem Volke. Er wird dadurch bis in seinen Ätherleib Träger der Volksseele. Er ragt mit seinem Bewußtsein in die Region der Erzengel und ist dadurch als Eingeweihter im »kosmischen Werte gleich einer Volksseele«. Ein im sechsten Grad Eingeweihter erreicht mit seinem Bewußtsein die Sphäre der Zeitgeister. Dadurch konnte das, was das hebräische Volk geleistet hat, der geschichtlichen Entwicklung übergeben und für die ganze Menschheit weitergetragen werden.

»Hier berühren wir ein hohes Mysterium, welches zu den sieben Geheimnissen gehört, die man die unaussprechlichen nennt. Das erste dieser Geheimnisse ist das Geheimnis der Zahl. Wahr ist es, daß ganze Gruppen von Menschen e i n e Seele hatten. Das Geheimnis lautet: Aus dem Einen fließt es und wird zur Zahl: zahlreich wie die Körner der Ähren ... Gibt es nun auch Seelen, die

*schon Individualseelen waren, die dann wieder hinaufstiegen auf
den Astralplan und zu Gruppenseelen geworden sind? – Ja, solche
Seelen gibt es. Sie entstehen dann, wenn sich um einen Eingeweihten eine Anzahl von Menschen kosmisch zusammenfinden und
wie die Glieder eines gemeinsamen Leibes werden. Eingeweihte
werden so zu Volksseelen. So hatte das jüdische Volk, das auser-
wählte Volk, eine die Einzelnen verbindende gemeinsame Seele,
die einmal Mensch war und wieder hinaufgestiegen und zur
Volksseele geworden ist. Im Schoße des Vaters Abraham konnte
sie ruhen.*

*Denken sie nun, der Mensch mache als Einzuweihender seine
Entwicklung schneller durch und gehe denselben Weg, den jene
Volksseele gemacht hat: Er wird Gruppenseele. Der Einzelne geht
auf in einem solchen erweiterten Bewußtsein. Er ist dann in Wahrheit als Eingeweihter an kosmischem Werte gleich einer ganzen
Volksseele. Das können Sie noch an den alten Benennungen sehen.
Man nannte diese Stufe der Einweihung mit dem Namen des ganzen Volkes, zum Beispiel Israeliter ... Im Eingeweihten des fünften Grades ist das Bewußtsein des Volkes selbst erwacht. Er trägt
den Namen seines Volkes; in der Mithras-Einweihung heißt er also der Perser ... Der ›Perser‹ trägt also den Namen des ganzen
Volkes; seine Individualseele wird zur Volksseele ... So ist der
Vorgang beim Eingeweihten: er hat die Fähigkeit erlangt, sich in
jede einzelne Seele hineinzuversetzen.«*[70]

Abraham hatte die weltgeschichtliche Aufgabe, die Menschheit
in dem Zeitraum des Kali Yuga zur Entwicklung des Ich-Be-
wußtseins zu führen. Es ist ein geistiges Gesetz, daß die Individualität, die die Menschheit herunterführt, diese nach dem Christus-Ereignis wieder hinaufzuführen hat zum Erleben der geistigen Welt. Dieses wird noch genauer ausgeführt. Die Lehre von

---

70 München, 2. November 1906, GA 94, 1979, Seite 260

der Wiederverkörperung mußte Abraham verdunkeln, damit sie vom 20. Jahrhundert an – in Freiheit – wieder erlebt werden kann.

Mit Beginn des dritten Jahrtausends werden einzelne Menschen, im Laufe der Zeit immer mehr, mit der Individualität des Abraham sich verbunden fühlen. Abraham wird den Menschen erkennbar werden, die zum Schauen der ätherischen Gestalt des Christus kommen. So wie Abraham die Erscheinung des Christus auf Erden vorbereitet hat, so wird er nun die Menschen auf die Erscheinung des Christus im Ätherischen vorbereiten. Rudolf Steiner hat, als er über das Ereignis der Christus-Erscheinung in der ätherischen Welt zu sprechen begann, dieses Ereignis in Zusammenhang gebracht mit der Bedeutung der Abraham-Gestalt. Dieses kommt in dem ersten ausführlichen und mitgeschriebenen Vortrag über die Wiederkunft des Christus im Ätherischen zum Ausdruck.

»Es wird äußerst wichtig sein, dieses Ereignis der Christus-Erscheinung zu erfassen. Denn diesem werden andere Ereignisse nachfolgen, wie dem palästinensischen Christus-Ereignis andere Geschehnisse vorausgegangen sind. So werden diejenigen, die jenes prophetisch vorherverkündigt haben, auch nach dem charakterisierten Zeitalter, nachdem er selber wieder der Menschheit sichtbar geworden sein wird im Ätherleibe, ihm nun Nachfolger werden: jene, die ihn früher vorherverkündigt haben.

Alle diejenigen, die ihn (den Christus) vorbereitet haben, sie werden in einer neuen Gestalt erkennbar werden denen, die durch das neue Christus-Ereignis hindurchgegangen sein werden. Wiederum erkennbar werden wird für die Menschen dasjenige, was gelebt hat auf der Erde als Moses, Abraham und die Propheten. Und wissen wird man, daß ebenso wie Abraham vorangegangen ist dem Christus, ihn vorbereitend, er auch die Mission übernimmt, nachher zu helfen an der Christus-Arbeit. So wächst der

Mensch, wenn er nicht verschläft das wichtigste Ereignis der näch-
sten Zukunft, nach und nach hinein in eine Gemeinschaft mit al-
len denen, die als Patriarchen dem Christus-Ereignis vorangegan-
gen sind. Er verbindet sich mit ihnen. Und wieder erscheint der
ganze Chor derer, zu denen wir uns werden erheben können. Der
die Menschheit heruntergeführt hat in den physischen Plan, der
erscheint dann nach dem Christus wieder und führt den Menschen
auch wieder hinauf und verbindet den Menschen wiederum mit
den geistigen Welten.«[71]

Ich halte diese Ausführungen für außerordentlich bedeutsam:
»Wiederum erkennbar werden wird für die Menschen dasjenige,
was gelebt hat als Moses, Abraham und die Propheten.« Zum einen werden diese Geistgestalten von Menschen immer mehr in ihrer Größe erkannt werden, und zum anderen wächst der Mensch
in der Zukunft immer mehr in diese Gemeinschaft hinein. Ihre
Größe erlangten Abraham, Moses und die Propheten dadurch,
daß durch sie Volksgeister gewirkt haben. Das althebräische Volk
wurde in seinen geschichtlichen Epochen von verschiedenen
Volksgeistern geführt. Ein Volksgeist, der eine Epoche geleitet
hat, war Michael, der zugleich – wie schon erwähnt – das Antlitz
Jahves war. Wenn in den Vorträgen von Abraham gesprochen
wird, so ist damit zugleich auf den »Geist Abrahams« hingewiesen, denn hinter der Patriarchengestalt steht der Volksgeist als
Erzengel. Der »Geist Abrahams«, der in der Zukunft die Menschen wieder mit der geistigen Welt zusammenführt, er verbindet
sich mit dem Bodhisattva zwischen seinem dreißigsten und einunddreißigsten Lebensjahr. Ob dieser Geist Abrahams der Erzengel Michael ist, soll hier offenbleiben. Ein solcher Zusammenhang
würde aber vieles im Lebensgang Rudolf Steiners verständlich
machen.

---

71 Karlsruhe, 25. Januar 1910, GA 118

Ita Wegman hat im Nachrichtenblatt »Das Goetheanum« vom 20. September 1925 in einem Artikel geschrieben: »So konnte Michaels-Sendung im gegenwärtigen Zeitalter sich zuerst an Rudolf Steiner offenbaren. In ihm entstanden zuerst die belebten Gedanken, die so mächtig waren, daß Seelen und Geister der übersinnlichen Welt sich diesen Gedanken neigten. Er war der befreite Mensch, der mit den geistigen Wesenheiten leben konnte, wie ehedem der Mensch in den Mysterien mit diesen gelebt hat. – Und so entstand das Mysterium, das sich weiter über das Leben und Wirken Rudolf Steiners bis zur Zeit seines Krankenlagers erstreckte. Nicht nur Michael äußerste sich durch ihn, noch weit höhere Mächte gaben sich kund; Michael wurde der Diener seines Geistes.«[72]

Diese Aussage über Michael hat er wörtlich auch Maria Röschl-Lehrs gegenüber gemacht. Wer ist »der Geist« Rudolf Steiners, daß Michael ihm dienen kann?

Der dritte Aspekt zum Verständnis der Wesenheit eines Bodhisattva zeigte auf, daß durch die Bruderschaft der Bodhisattvas die Wesenheit »der personifizierten Allweisheit unserer Welt«, der »Heilige Geist« wirkt. Diese Wesenheit steht hinter den zwölf großen Eingeweihten und in besonderer Weise inspirierend hinter dem Bodhisattva, der für eine Menschheitsepoche als Lehrer in der Öffentlichkeit auftritt. In diesem Sinne wirkt der Bodhisattva nicht als einzelne Persönlichkeit, sondern aus der Kraft des »Heiligen Geistes«, und diesem dient Michael.

Offenbarung und Geistesforschung

Um die Anthroposophie auf Erden als Geisteswissenschaft bringen zu können, mußte sich ein großes Ereignis vollziehen. Rudolf

---

72   Ita Wegman – An die Freunde – Natura-Verlag Arlesheim 1968

Steiner beschreibt, daß in der zweiten Hälfte des 19. Jahrhunderts in der geistigen Welt »die zweite Kreuzigung des Christus« stattfand.[73] Durch den Materialismus, der seit dem 16. Jahrhundert in immer größerem Maße von Menschen durch die Todespforte getragen wurde, verdunkelte sich dort die Atmosphäre. Es wird geschildert, daß der Christus das »manichäische Prinzip« in der höchsten Form darlebt. Er nimmt das Böse, das die Menschen in die geistige Welt hinauftragen, in das eigene Wesen auf und erlöst und verwandelt es durch Liebe. Ein »geistiger Erstickungstod« ist diese Opfertat, bedingt durch den Materialismus der Menschen. Dieser Erstickungstod bewirkte für einen Moment Bewußtlosigkeit des Engelwesens, das seit der Auferstehung die äußere Hülle des Christus ist. Der nathanische Jesus hat in einem Erdenleben die Stufe erreicht, die die übrige Menschheit erst in vielen Erdenleben sich erringen kann. Jesus von Nazareth, der während der drei Jahre des Erdenwandels des Christus diesen in sich aufnahm, brauchte sich nach dem Kreuzestod nicht mehr verkörpern. Er hat die Menschheitsstufe vollendet und die Stufe eines Angelos erreicht. Dieser Angelos bietet dem Christus die äußere Hülle, durch die er sich seitdem offenbart.

»Obwohl Christus in die alte hebräische Rasse kam und dort zu seinem Tode geführt wurde, erlitt dennoch das Engelwesen, welches seitdem die äußere Form des Christus ist, im Laufe des 19. Jahrhunderts ein Auslöschen des Bewußtseins als das Resultat der entgegengesetzten materialistischen Kräfte, die in die geistigen Welten heraufgekommen waren, als das Ergebnis der materialistischen Menschenseelen, die durch die Pforte des Todes gingen. Und das Eintreten von Bewußtlosigkeit in den geistigen Welten in der eben beschriebenen Weise wird die Auferstehung des Christus-Bewußtseins in den Seelen der Menschen auf Erden zwischen Geburt

---

73   London, 2. Mai 1913, GA 152

und Tod im 20. Jahrhundert werden. In gewissem Sinne kann man daher voraussagen, daß vom 20. Jahrhundert an das, was der Menschheit verlorengegangen ist an Bewußtsein, sicherlich wieder heraufsteigen wird für das hellseherische Schauen. Anfangs nur wenige, dann eine immer wachsende Anzahl von Wesen wird im 20. Jahrhundert fähig sein, die Erscheinung des ätherischen Christus, das heißt Christus in der Gestalt eines Engels, wahrzunehmen... Zweimal schon ist der Christus gekreuzigt worden: das eine Mal physisch in der physischen Welt im Anfang unseres Zeitalters und ein zweites Mal im 19. Jahrhundert spirituell in der beschriebenen Weise. Man könnte sagen, die Menschheit erlebte die Auferstehung seines Leibes in der damaligen Zeit; sie wird die Auferstehung seines Bewußtseins vom 20. Jahrhundert an erleben.«[74]

Damit die Auferstehung des Christus-Bewußtseins immer mehr in den Seelen der Menschen erfolgen kann, hat die Christus-Wesenheit Michael die Aufgabe übertragen, die übersinnlichen Wahrheiten den Menschen zu offenbaren. Michael ist seit dem Jahre 1879 wieder der führende Geist des Zeitgeschehens. Durch den Sturz der Geister der Finsternis konnte er den Vorhang zur geistigen Welt »wegziehen«. Aber es mußte ein Mensch in seiner spirituellen Entwicklung so weit sein, daß er mit seinem Bewußtsein an die Offenbarungen Michaels heranreichte. Diese Individualität war Rudolf Steiner. Er konnte die geistigen Tatsachen in der Akasha-Chronik erforschen und in begriffliche Erkenntnis bringen. 33 Jahre nach dem Beginn des Michael-Zeitalters hat Rudolf Steiner erstmals in London von dem Ereignis »der zweiten Kreuzigung des Christus« gesprochen.

Welche Hingabefähigkeit aber notwendig ist, um geistige Tatsachen erforschen zu können, hat Rudolf Steiner einmal darge-

---

74 Wie zuvor

stellt, als er über das Leben des Jesus von Nazareth – von seinem zwölften Lebensjahr bis zur Jordantaufe – sprach. Der Eingeweihte muß sich selbst als geistige Nahrung den Archai hingeben.

»Sie können sich in das Weizenkorn versetzen, das zu Brei zermalmt wird, zwischen den Zähnen zerkleinert wird, um eine Vorstellung davon zu bekommen, was durchaus analog richtig ist, wenn es sich um ein Lesen im Bewußtsein der Archai handelt. Man muß da seelisch zermalmt werden und muß es fühlen. Das heißt, höhere Forschung ist nicht möglich ohne innere Tragik, ohne inneres Erleiden.«[75]

In einem Notizbuch trägt er ein: »Die Erringung der übersinnlichen Wahrheiten ist nur unter Schmerzen möglich = nur dadurch, daß der Leib in Mattigkeit gebracht wird: er entläßt dann die Seelenkräfte – so starke Anstrengung des mit dem Leibe verbundenen Denkens, daß die Ermüdung gleich derjenigen jahrelanger körperlicher Arbeit ist –.«[76]

Während des Budapester Kongresses im Jahre 1909 hat Rudolf Steiner etwas von seinem geistigen Auftrag durchblicken lassen. Er erläuterte die Bedingungen, die dem Forschen in der geistigen Welt zugrunde liegen, an einem Beispiel: Wenn ein Hellseher im Jahre 1900 eine Tatsache erforscht und ein anderer Hellseher will im Jahre 1950 dieselbe Tatsache geistig wahrnehmen, so muß er sich erst mit dem bekannt machen, was schon erforscht ist. Spirituelle Tatsachen können nur dann in der geistigen Welt geschaut werden, wenn man sich auf dem gewöhnlichen Wege – durch das Studium von Schriften und Vorträgen – mit diesen Tatsachen bekannt gemacht hat. Dieses Gesetz begründet für alle Zeiten eine universelle Brüderlichkeit.

---

75   18. Dezember 1913, GA 148
76   Beiträge zur Rudolf Steiner Gesamtausgabe Nr. 41

»Es ist unmöglich, in irgendein Gebiet hineinzukommen, ohne sich zuerst zu verbinden mit dem, was schon von den älteren Brüdern der Menschheit erforscht und geschaut worden ist. Es ist in der geistigen Welt dafür gesorgt, daß keiner ein sogenannter Eigenbrötler werden und sagen kann: Ich kümmere mich nicht um das, was schon vorhanden ist, ich forsche für mich allein. – Alle die Tatsachen, die heute in der Theosophie mitgeteilt werden, würden von auch noch so sehr Ausgebildeten und Vorgeschrittenen nicht gesehen werden können, wenn man nicht vorher davon erfahren hätte . . . Es wird in verhältnismäßig kurzer Zeit viele Menschen geben, die hellsehend sein werden; diese würden nur Wesenloses, aber nicht die Wahrheit in der geistigen Welt schauen können, weil sie nicht das Wichtige, das schon erforscht ist in der geistigen Welt, sehen können. Erst muß man diese Wahrheiten, wie sie die Theosophie gibt, lernen, dann erst kann man sie wahrnehmen. Also selbst der Hellseher muß erst das lernen, was schon erforscht ist und dann kann er bei gewissenhafter Schulung die Tatsachen selbst schauen. Man kann sagen: Befruchten nur einmal für ein erstes Sehen die göttlichen Wesenheiten eine Menschenseele, und hat diese einmalige, jungfräuliche Befruchtung sich vollzogen, dann ist es notwendig für die anderen, den Blick erst auf das zu richten, was sich diese erste Menschenseele erworben hat, um ein Anrecht zu haben, sich ein gleiches zu erwerben und es zu schauen. Dieses Gesetz begründet zuinnerst eine universelle Brüderlichkeit, eine wahre Menschenbruderschaft.«[77]

Alles, was Rudolf Steiner in Vorträgen und Schriften dargestellt hat, ist von ihm erforscht und in eine begriffliche Erkenntnis gebracht worden. Das bedeutet, daß auch in der Zukunft Menschen, wenn sie die gleichen Tatsachen hellsichtig wahrnehmen wollen, sich zuerst mit seinem Werk auseinandersetzen müssen.

---

77 Budapest, 4. Juni 1909, GA 109, 1965, Seite 168

Rudolf Steiner gibt Hinweise auf Bedingungen, die es ihm möglich machten, in der Akasha-Chronik Tatsachen zu erforschen. In seiner Autobiographie »Mein Lebensgang« schildert er, daß ihm nach dem 35. Lebensjahr das Meditieren zu einer Lebensnotwendigkeit wurde. Dadurch erlebte er, wie ein innerer geistiger Mensch sich entwickelte, der unabhängig von der physischen Organisation war. Er erkannte, daß die Befestigung dieses zweiten Menschen in der geistigen Welt ins Unermeßliche gesteigert werden kann. Das ist eine Voraussetzung, um die Stufen der modernen Einweihung durchschreiten zu können.

Der Weg der Initiation hat heute einen anderen Ausgangspunkt als in früheren Zeiten. In den Kulturen der ersten nachatlantischen Zeit erlebten die Menschen, daß mit zunehmendem Alter in ihnen Weisheit heranreifte. Diese aus der Leiblichkeit freiwerdende Weisheit, die noch nicht selbst erworben war, konnte durch eine Einweihung in noch höherem Maße entwickelt werden. Das Wissen, das in den altorientalischen Kulturen aus den Mysterien floß und das ganze kulturelle Leben gestaltete, ist auf diese Weise als inspirierte Weisheit erlebt worden. In unserer Zeit ist die Initiation abhängig vom Erwerben der imaginativen, inspirativen und intuitiven Erkenntnis durch die Erkraftung des Ich. Diese Fähigkeiten geben dann auch die Möglichkeit, die Kräfte zu erleben, die der Entwicklung der Lebensalter, insbesondere der Sieben-Jahres-Rhythmen, zugrunde liegen. Durch die Rückschau auf diese Rhythmen werden die einzelnen Lebensalter zu Auffassungsorganen für die Geheimnisse, die in den Mond- und Sternensphären walten.[78] Davon, daß diese Auffassungsorgane sich bilden, ist eine moderne Geistesforschung abhängig.

Im Lebensgang Rudolf Steiners können die sieben Jahresrhythmen gefunden werden. Die ersten drei Jahrsiebente bezeichnen die »Lehrzeit« in der modernen Initiation. Die Kräfte der Mon-

---

78 Torquay, 16. August 1924, GA 243

79

densphären wirken von der Geburt bis zum siebenten Lebensjahr, die der Merkursphäre bis zum 14. Lebensjahr und die der Venussphäre bis zum 21. Lebensjahr. Sie eröffnen den Blick auf die Kräfte, die aus den Planetensphären aufgrund der Fähigkeiten, die in früheren Erdenleben erworben wurden, einströmen. Die Zeit vom 21. bis 42. Lebensjahr wird als »Gesellenzeit« bezeichnet, die mit den Geheimnissen der Sonnensphäre zusammenhängt. In diesem Lebensabschnitt fiel der Beginn des neuen »Lichten Zeitalters«. Rudolf Steiner nahm diese Vorgänge im geistigen Geschehen wahr und konnte den Göttern ihre Taten spiegeln, indem er sie in begriffliche Erkenntnis umsetzte.

Nach dem 42. Lebensjahr tritt der Eingeweihte ein in die »Meisterzeit«. Sie umfaßt in den Sieben-Jahres-Rhythmen Mars-, Jupiter- und Saturngeheimnisse. Eine Steigerung ergibt sich, weil fortwährend höhere Wesenheiten durch die Planetensphären auf die Lebensalter einwirken. Es werden inspiratorische Kräfte entbunden, die den Eingeweihten immer weiter und tiefer in die Geheimnisse des Kosmos blicken lassen. Diese inspiratorischen Kräfte ermöglichten Rudolf Steiner, »Die Geheimwissenschaft im Umriß« zu schreiben. Er schildert in ihr – was bis dahin keinem Eingeweihten möglich war – die Weltentwicklung vom Beginn der Saturn-Entwicklung an. Rudolf Steiner konnte dies, weil er zudem seine Seele »imprägniert« hatte mit modernen naturwissenschaftlichen Anschauungen. Ohne ein naturwissenschaftlich geschultes Denken ist es nicht möglich, über die Mondenentwicklung hinaus Imaginationen in das höhere Bewußtsein zu bekommen.

Wenn der Eingeweihte das 63. Lebensjahr überschreitet und damit die Saturnsphäre überschauen kann, dann ist er in seiner Geistesforschung frei von den Notwendigkeiten, die in früheren Lebensaltern vorhanden waren. Die Karmalforschung erreichte in seinem letzten Schaffensjahr eine Kulmination in mehr als 80 Vorträgen, die die großen karmischen Gesetzmäßigkeiten wie auch die Inkarnationsfolgen einzelner historischer Persönlichkeiten enthalten.

Der Mensch trägt in seinem Wesen die Geheimnisse des Sternenkosmos. Das wurde auch in den Mysterien von Ephesus gelehrt. Der Spruch, der dort dem Schüler gegeben wurde und den Rudolf Steiner in Worte faßte, beschreibt Kräfte dieser Sternenspähren.[79]

Weltentsprossenes Wesen, du in Lichtgestalt,
Von der Sonne erkraftet in der Mondgewalt,

Dich beschenket des Mars erschaffendes Klingen
Und Merkurs gliedbewegende Schwingen,

Dich erleuchtet Jupiters erstrahlende Weisheit
Und der Venus liebetragende Schönheit –

Daß Saturns weltenalte Geist-Innigkeit
Dich dem Raumessein und Zeitenwerden weihe!

Das ätherische Hellsehen

»Wir gehen den Weg, der die Menschen wieder eintreten lassen wird in Zustände des natürlichen Hellsehens, natürlicher hellseherischer Kräfte. In dem Zeitalter des Kali Yuga war es nur die Einweihung, die hinaufführen konnte in regelrechter Weise in die geistigen Welten. Natürlich führt die Einweihung in hohe Stufen hinauf, die von den Menschen in sehr ferner Zukunft erst erklommen werden können, aber die ersten Spuren eines erneuerten Hellsehens, das auftreten wird wie eine natürliche mensch-

---

79 Wahrspruchworte, GA 40

liche Fähigkeit, werden sich verhältnismäßig bald zeigen, je mehr wir in die Erneuerung des abrahamitischen Zeitalters hinübergehen.«[80]

Das ätherische Hellsehen ist eine natürlich heraufkommende Fähigkeit, die nicht zu verwechseln ist mit der übersinnlichen Wahrnehmungsfähigkeit, die auf dem rosenkreuzerischen Schulungsweg erworben wird. Auf diesem werden durch Ausbildung und Entfaltung der Lotosblumen im astralischen Leibe Fähigkeiten erworben, die ermöglichen, in der geistigen Welt, jenseits der Schwelle, übersinnliche Wahrnehmungen zu haben. Dem ätherischen Hellsehen offenbaren sich übersinnliche Tatsachen auf drei verschiedenen Ebenen:

Einmal zeigt sich – bei einer genauen Beobachtung – um die Form des physischen Leibes ein Lichtsaum, der den Ätherleib eines anderen Menschen wahrnehmbar macht.

»Es wird in einzelnen Menschen – und ihre Zahl wird stets wachsen – die Fähigkeit erwachen, die ätherischen Formen zu sehen, welche das Physische umgeben. Um den Menschenleib herum werden sie die feine Hülle des Lebensleibes schimmern sehen.«[81]

Die zweite Ebene offenbart das karmische Richteramt des Christus: Das neue Sehen wird bei einzelnen Menschen beim Begehen einer Tat etwas wie ein Traumbild auslösen. Die Menschen werden sehen, was sie an Tatsachen geschaffen haben, und dadurch verstehen, was sich ihnen an karmischen Ausgleichsbildern zeigt. Bisher stand der karmische Ausgleich unter dem Gesetz des Moses; jede Tat mußte gerecht ausgeglichen werden. In der Zukunft wird ein karmischer Ausgleich durch Einsicht so erfolgen, daß

---

80   Stuttgart, 6. März 1910, GA 118
81   Rom, 13. April 1910, GA 118, 1965, Seite 222

dieser zugleich den anderen in seiner Entwicklung fördert. Zur Gerechtigkeit wird die Liebe hinzukommen.

Menschen *»werden wissen, daß das Bild, das vor ihre Seele tritt, eine Vorherverkündigung jener karmischen Tat ist, welche eintreten muß einmal in der Zukunft, sei es in diesem Leben, sei es namentlich in den nächsten Erdenleben, um einen Ausgleich zu schaffen, was wir begangen haben«.*[82]

»Daß unser karmisches Konto in der Zukunft so ausgeglichen wird, das heißt in eine solche Weltordnung hineingestellt wird gegen die Zukunft, wenn wir den Weg zum Christus gefunden, daß die Art unseres karmischen Ausgleiches das größtmöglichste Menschenheil für den Rest der Erdenentwicklung hervorrufe, das wird die Sorge sein dessen, der von unserer Zeit an der Herr des Karma wird, es wird die Sorge Christi sein.«[83]

Die dritte Ebene offenbart die Wiederkunft des Christus in ätherischer Gestalt im 20. Jahrhundert. Dieses wird in der Zukunft das Seelenleben grundlegend verändern und wird ausstrahlen bis in das soziale Leben. Die Begegnungen mit dem in ätherischer Gestalt erscheinenden Christus sind in ihrem Erlebnisbereich individuell verschieden.

»Irgendein Mensch kommt da oder dorthin, dieses oder jenes erlebt er. Wenn er nur wirklich das Auge durch Beschäftigung mit der Anthroposophie geschärft hätte, könnte er schon bemerken, daß plötzlich um ihn irgend jemand ist, kommt, um zu helfen, ihn auf dieses oder jenes aufmerksam zu machen: daß ihm der Christus gegenübertritt – er aber glaubt, irgendein physischer Mensch sei da. Aber daran wird er merken, daß es ein übersinnliches We-

---

82 Nürnberg, 2. Dezember 1911, GA 130
83 Wie zuvor

*sen ist, daß es sogleich verschwindet. Gar mancher wird erleben,
wenn er gedrückten Herzens, leidbelastet, still in seinem Zimmer
sitzt und nicht aus noch ein weiß, daß die Tür geöffnet wird: Der
ätherische Christus wird erscheinen und wird Trostworte zu ihm
sprechen. Ein lebendiger Trostbringer wird der Christus für die
Menschen werden.*«[84]

Der Christus kann in ätherischer Lichtgestalt dem Menschen erscheinen oder äußerlich anschaubar wie ein Mensch unseres Jahrhunderts in gewöhnlicher Kleidung auftreten und selbst in größeren Menschenversammlungen Trostworte sprechen. Nur wenn
Menschen durch Anthroposophie auf solche Begegnungen vorbereitet sind und eine gesteigerte Aufmerksamkeit aufbringen, werden sie erkennen können, daß es sich um den ätherischen Christus
handelt. In der Stille vollzieht sich das Eingreifen des ätherischen
Christus in unserer Zeit. Besonders junge Menschen erleben,
wenn sie in ihrem Schicksal an Abgründe herangeführt werden
und mit Mut das Stehen am Abgrund ertragen, im ätherischen
Lichtgewande die Wesenheit, die von der geistigen Welt aus hel-
fend eingreift und sich offenbart. Was sie berichten, gehört zu Er-
lebnissen, die schriftlich nur schwer wiedergegeben werden können. Wer den Christus im Schauen wahrnimmt, erlebt das große
Menschenvorbild absoluter Selbstlosigkeit. Von dieser drückt sich
gleichsam etwas in den eigenen Ätherleib ab.

Es gehört zu den erschütternden Mitteilungen Rudolf Steiners,
daß sich eine Begegnung mit dem ätherischen Christus während
mehrerer Inkarnationen nicht wiederholt, wenn der Mensch achtlos an diesem – oft zarten – Eindruck vorübergeht.

*»Dann wird man den Christus nicht mehr beweisen wollen, denn
die Anzahl derer wird immer größer werden, die darüber berich-*

---

84   Basel, 1. Oktober 1911, GA 130

ten können, daß sie den Christus als Geistwesen auf der Erde herumwandelnd finden ... Menschen dürfen die Eindrücke, die sie empfangen werden, die meistens nur leise auftreten, nicht achtlos an sich vorübergehen lassen, denn nur selten finden vehemente Eindrücke statt. Durch die Verbreitung wahrer Anthroposophie werden die Menschenseelen so werden, daß sie nicht achtlos an sich werden vorübergehen lassen die Erleuchtung, wenn sie kommt, denn sonst würde man sie während mehrerer Inkarnationen nicht bekommen können.«[85]

Übersinnliche Erlebnisse können nicht wie andere Erlebnisse im gewöhnlichen Gedächtnis festgehalten werden. Sie sind zart und fallen leicht dem Vergessen anheim. Der Mensch wird ärmer in seinem Seelenleben, wenn er übersinnliche Eindrücke, die vom wiederkommenden Christus in der Seele hervorgerufen werden, nicht als diese wahrnimmt. Das besagt das Gleichnis, daß der Herr kommt wie ein Dieb in der Nacht. Ist ein Mensch durch Anthroposophie in der rechten Art auf ein solches Ereignis vorbereitet, dann erschließt sich im Augenblick der Wahrnehmung die geistige Dimension dieses Erlebnisses. Die Wahrnehmung klingt dann in ihrer spirituellen Größe und mit der Kraft der Devotion in der Seele nach. Dann kann die innere Erleuchtung auch zu der Initiative im künftigen Leben führen, die notwendig ist: So weit der Mensch mit seinem Erleben in die geistige Welt hineinragt, so weit muß er durch sein Handeln in die sozialen Verhältnisse heilend eingreifen, wenn das Seelenleben gesund erhalten werden soll.

Rudolf Steiner wurde einmal gefragt, wodurch sich der Mensch am wirksamsten auf dieses Erleben vorbereiten könne. Seine Antwort war: Durch das meditative Erleben des Jahreslaufes. Im Miterleben des Weltenlaufes erwachsen dem Menschen Kräfte, die

---

85 Kopenhagen, 14. Oktober 1913, GA 152

ihn zu der Christus-Sphäre hinaufführen. In dem »Anthroposophischen Seelenkalender« wird in den Wochensprüchen der Weg zu einer wahren Welterkenntnis gewiesen. Die Sprüche sind das Ergebnis vieljähriger okkulter Untersuchungen und Erfahrungen. Im Ätherleib der Erde wirken im Jahreslauf verschiedene Gruppen von Elementarwesen, die in jedem Jahr das Pflanzenwachstum hervorrufen und die Früchte zur Reife bringen. Mit dem Beginn des »Lichten Zeitalters«, also mit Beginn unseres Jahrhunderts, ist ein neues Reich von Elementarwesen gleichsam geboren worden. Dadurch sind neue belebende Kräfte in das Naturgeschehen des Jahreskreislaufes eingezogen.[86] Wenn die Jahreszeiten meditativ übend mit der Seele durchlebt werden, dann reifen mit der Zeit die neuen Fähigkeiten des ätherischen Hellsehens. Besonders durch die Eindrücke, die in der herbstlichen Natur sich ergeben. Denn dort kann trotz aller Wehmut über das unaufhaltsame Absterbende in der Klarheit des Herbstes das Erfrischende in den Naturvorgängen wahrgenommen werden. Dadurch verbindet sich der Mensch mit den ätherischen Kräften der Elementarwesen, die neue Kräfte in die Ätherwelt der Erde hineingetragen haben. Die erfrischenden Eindrücke der herbstlichen Natur müssen so lebendig im Gedächtnis bleiben, daß sie sich dann mit den Frühlingseindrücken in der Seele verbinden.

»Was im Frühling erlebt wurde und was im Herbst erlebt wurde, das war in der Vergangenheit voneinander unabhängig: dieses Aufstrahlen der Natur im Frühling und diese Wehmut im Herbst. Dasjenige, was der Kosmos von seinem Gedächtnis hergibt, das macht, daß wir von dem, was wir im Herbst erleben, einiges hinübertragen in den Frühling hinein. Wenn wir in uns wirken lassen die Elementarkräfte des Herbstes, dann können wir in einer neuen Weise empfinden, was uns in der Zukunft gegeben wird. Alles

---

86 Locarno, 19. September 1911, GA 130

erfährt ein Neues in der Zukunft, und es ist unsere Pflicht, daß wir
uns vorbereiten, durch die Erkenntnis des Geistigen ein Verständ-
nis dafür zu haben.«[87]

In dem Mysteriendrama »Die Pforte der Einweihung« erlebt die
Seherin Theodora den ätherischen Christus. Man muß bedenken,
daß Rudolf Steiner zum ersten Mal im Januar 1910 über dieses Ereignis spricht. Und schon am 15. August 1910 wird dieses erste
Mysteriendrama von ihm zur Aufführung gebracht. Das Ereignis
der ätherischen Wiederkunft des Christus ist der Quell aller karmischen Ereignisse im Drama. Die Schicksale der handelnden
Personen kommen dadurch in eine dramatische Bewegung. Bereits zu Beginn des ersten Bildes geht aus dem Gespräch der auf-
tretenden Personen hervor, daß Benedictus über das Ereignis der
Wiederkunft des Christus in ätherischer Gestalt in einem internen
Kreis gesprochen hat. Benedictus, der Geisteslehrer, ist in dem
Drama der »Bodhisattva des 20. Jahrhunderts«, der den ätherischen Christus verkündet. Bedeutsam ist, daß Theodora die Gei-
stesschau in dem Augenblick hat, als der Wunsch nach einer Pro-
be des neuen Schauens geäußert wird:

> Strader: Es gibt wohl keine Möglichkeit,
> Zu sehen eine Probe
> Der sonderbaren Geistesart.

In dem gleichen Augenblick betritt Theodora den Saal und zeigt
»diese sonderbare Geistesart«. Was wie ein Zufall erscheint, ist in
Wirklichkeit durch Benedictus bewußt herbeigeführt worden.
Der Bodhisattva ermöglicht auch das Schauen, führt es in einem
höheren Auftrag herbei, wenn es für das Karma der beteiligten
Personen wichtig ist.

---

87 Wie zuvor

In der Zukunft soll der Mensch Trost finden in dem Schauen der Christus-Wesenheit.

> Theodora: Es drängt zu sprechen mich:
> Vor meinem Geiste steht ein Bild im
> Lichtesschein,
> Und Worte tönen mir aus ihm;
> In Zukunftszeiten fühl' ich mich
> Und Menschen kann ich schauen,
> Die jetzt noch nicht im Leben.
> Sie schauen auch das Bild,
> Sie hören auch die Worte,
> Sie klingen so:
> Ihr habt gelebt im Glauben,
> Ihr ward getröstet in der Hoffnung,
> Nun seid getröstet in dem Schauen,
> Nun seid erquickt durch mich . . .

Theodora gehört zu den Erstlingen dieses neuen Schauens, weil sie in ihrer mittelalterlichen Inkarnation die Seelenhaltung ausgebildet hat, die eine Voraussetzung ist, daß diese neue Fähigkeit in der Seele heranreift: Sie war ein Bettler um Geist. Christus sagt in seiner ersten Unterweisung zu seinen Jüngern: »Gott schauend sind die Bettler um Geist, in sich selber finden sie das Reich im Himmel« (Matt. 5). Bettler um Geist wird ein Mensch, wenn er eine Sehnsucht nach dem realen Erleben der geistigen Welt in sich trägt. Wenn die Mysteriendramen richtig verstanden würden – so äußerte sich Rudolf Steiner –, dann brauche er keine Vorträge mehr zu halten, denn die Dramen würden die ganze Anthroposophie enthalten. Auch über den Bodhisattva geben sie Auskunft. Rudolf Steiner hat sich selbst in der Gestalt des Benedictus als den Geisteslehrer auf die Bühne gebracht, der den wiederkommenden Christus verkündet. Von dem gegenwärtig führenden Bodhisattva wird in einem Vortrag in der Osterzeit des Jahres 1910 in Rom ausgesagt:

»Er wird der größte der Verkündiger des Christus-Impulses sein und vielen das Erlebnis von Damaskus möglich machen. Noch lange Zeit wird vergehen und in immer neuerer Form wird die Geisteswissenschaft das Christus-Wesen den Menschen von immer höheren Gesichtspunkten aus verständlich machen, bis daß der letzte der Bodhisattvas seine Mission auf Erden vollendet haben wird . . .« [88]

Daß dieser große Lehrer »vielen das Erlebnis von Damaskus möglich« macht, ist unabhängig davon, ob er auf Erden verkörpert ist oder von der geistigen Welt aus wirkt. In der Zukunft werden immer mehr Menschen den »Herrn des Karma« als den ätherischen Christus schauen.

Friedrich Rittelmeyer hat einmal Rudolf Steiner gefragt, wie es sich mit dem Bodhisattva verhalte. Er berichtet darüber: »Es war im Hochsommer 1921, Ende Juli oder Anfang August. Die Sprache kam darauf, ob der Bodhisattva jetzt schon auf der Erde verkörpert sei. Dr. Steiner sagte: Wenn wir noch 15 Jahre leben, können wir etwas davon erleben. Das waren seine Worte.« [89] Es wird von vielen diese Antwort so ausgelegt, daß der Bodhisattva etwa 1936 in der Öffentlichkeit hätte auftreten sollen. Meines Erachtens sah Rudolf Steiner jedoch die Möglichkeit voraus, daß in dieser Zeit in zahlreichen Menschen die natürliche Fähigkeit des ätherischen Hellsehens sich erbilden würde. Anthroposophie sollte bis zu diesem Zeitpunkt das Verständnis für dieses Ereignis vorbereiten, so daß die Menschen auf die Wiederkunft des Christus im Ätherischen aufmerksam werden könnten. Es wäre dann

---

88 Rom, 13. April 1910, GA 118
89 Aufzeichnungen von Friedrich Rittelmeyer, »Gespräche mit Rudolf Steiner« (Manuskriptvervielfältigung)

auch in der Öffentlichkeit erkannt worden, daß Rudolf Steiner seit dem Jahre 1910 dieses Ereignis – als Bodhisattva – verkündigt hat und besonders auf die Jahre 1935, 1937, 1939, 1941 verwiesen hat. Er hat zugleich auf die Gefahr hingewiesen, daß diese zarten Fähigkeiten zertrampelt werden könnten. Was in den dreißiger Jahren in Mitteleuropa geschehen ist, trug einen apokalyptischen Charakter und hat verhindert, daß der ätherische Christus von einer genügend großen Anzahl Menschen wahrgenommen wurde.

Das Wesen Anthroposophie

Anthroposophie ist durch die Tat Rudolf Steiners nicht nur eine irdische, sondern auch eine kosmische Angelegenheit geworden. Er unterrichtete Menschen und auch Wesenheiten der höheren Hierarchien über das, was er als Anthroposophie erforscht hat.

»Es gibt Wesenheiten, die man Bodhisattva nennt, hohe, vorgerückte menschliche Wesenheiten, die sich immer wieder auf Erden verkörpern, bis sie zum Buddha-Dasein aufsteigen. Solange ein Bodhisattva in einem physischen Leibe ist, lebt er als Mensch unter Menschen, als geistiger Wohltäter. Aber schon hier auf Erden hat er eine besondere Aufgabe, nicht nur die in Leibern Lebenden zu lehren, sondern er lehrt auch die Toten, ja auch sogar Wesenheiten der höheren Hierarchien. Das rührt davon her, weil der Inhalt der irdischen Theosophie nur auf Erden erlangt werden kann, in einem physischen Leibe. Dann kann sie in der geistigen Welt gebraucht werden.« [90]

---

90 Straßburg, 13. Mai 1913, GA 140

Nach der Weihnachtstagung enthüllte er die bedeutsame Tatsache, daß die Anthroposophie nach Ablauf des Kali Yuga, also mit Beginn unseres Jahrhunderts, auf Erden »geboren« werden sollte. Er konnte in der geistigen Welt beobachten, wie die Anthroposophie wie eine Art lebendiges Wesen auf Erden erscheinen wollte. In der Vergangenheit erfloß der Menschheit alles spirituelle Wissen aus der »himmlischen Sophia«. Alle großen Gestalten der Geistesgeschichte, die großen Persönlichkeiten der Scholastik, die Führer der Schule von Chartres, sind von diesem hohen Wesen inspiriert worden.

»Und man konnte schon sehen, wie in mancherlei von dem, was da wirkte auf den verschiedensten Gebieten in einzelnen Menschen, von dem Eintritt des vorigen Michael-Zeitalters ab bis zum Ablauf des Kali Yugas, der Geist der Zeit so sprach, daß dieses Sprechen ein Herbeirufen der anthroposophischen Offenbarungen war. Man konnte heraufkommen sehen in lebendiger Art wie diese Anthroposophie wie ein Wesen, das geboren werden mußte, das aber wie in einem Mutterschoße ruhte in demjenigen, was aus den ersten christlichen Jahrhunderten herein auf Erden die Schule von Chartres vorbereitet hatte und was dann seine Fortpflanzung gefunden hat im Übersinnlichen und im Zusammenwirken mit dem, was auf Erden fortwirkte in der aristotelisch gefärbten Verteidigung des Christentums.«[91]

Nach einer Aufzeichnung, die sich Ita Wegman machte, begann das vorige Michael-Zeitalter im Jahre 601 v. Chr. Dieses ist etwa der Zeitpunkt, an dem der Gautama Buddha vor seinem letzten Herabstieg seinem Nachfolger das Amt, die Menschheit als Bodhisattva zu leiten, übertrug. Vom Jahre 601 v. Chr. bis zum Ende des Kali Yuga im Jahre 1899 n. Chr. sind es 2500 Jahre. Von da an

---

91 Dornach, 13. Juli 1924, GA 237

sind es noch einmal 2500 Jahre, bis der Bodhisattva zur Buddha-Würde aufsteigt.

Schon im Jahre 1913, als die Anthroposophische Gesellschaft gegründet wurde, hat Rudolf Steiner auf der ersten Generalversammlung einen Vortrag gehalten: »Das Wesen Anthroposophie«. Er wollte die Gesellschaft nicht auf abstrakte Prinzipien gründen – wie dies bei der Theosophischen Gesellschaft der Fall war –, sondern auf ein lebendiges Wesen. Wenn die Inhalte der Geisteswissenschaft in der rechten Stimmung und mit der Kraft der Bewußtseinsseele in Gemeinschaft erarbeitet werden, dann senkt sich ein Wesen nieder und wird real als anwesend erlebbar: Anthroposophie, ein unsichtbarer Mensch. Gelingt es, mit diesem Wesen real zu leben, dann entsteht wahre Gemeinschaftsbildung.

1923 beschreibt Rudolf Steiner das Wesen Anthroposophie als unsichtbaren Menschen, demgegenüber eine große Verantwortung empfunden werden muß.

»Wenn wir in der Lage sind, anthroposophische Erkenntnis nicht bloß lesend oder anhörend aufzunehmen, sondern wenn wir durch lebendige anthroposophische Betrachtung immer mehr und mehr dahin kommen, den Inhalt der Anthroposophie mit unserem Herzen, unserem Gemüt zu erleben, ... dann wird es uns so, als ob lebendige Weltenwesen in unsere Seelen einzögen. Dann erscheint uns immer mehr und mehr die Anthroposophie selber als etwas lebendig Wesenhaftes. Und wir werden dann schon gewahr, wie etwas an die Pforte unseres Herzens klopft mit der Anthroposophie und sagt: Laß mich ein, denn ich bin du selbst; ich bin deine wahre Menschenwesenheit! ... Von dieser wahren Menschenwesenheit möchte Anthroposophie nicht nur erzählen, sondern mit dieser wahren Menschenwesenheit möchte Anthroposophie die menschliche Seele und das menschliche Gemüt erfüllen ... Dann, wenn wir Anthroposophie einlassen in unsere Herzen, nachdem sie gepocht hat, dann bringt uns Anthroposophie durch das, was sie

selber ist, wahre Menschenliebe … Oben im Kopfe leben die Menschen mit alledem, was sie heute miteinander reden, namentlich mit alledem, was sie sich über die öffentlichen Verhältnisse vorlügen, und unten geht die ganze Menschheit – ohne daß sie es ahnt, wie wenn einer auf dem Vulkan ginge – durch die Schwelle durch. Und jenseits muß der Mensch entweder verderben – oder er muß vorrücken mit gutem Willen zu einer Erkenntnis der übersinnlichen Welt.«[92]

Das ist die Schwellensituation, in der sich heute die Menschheit befindet. Es wird hier der Weg gezeigt, wodurch im Menschen die wahre Menschenliebe sich bildet, die zugleich die Grundlage jeder spirituellen Gemeinschaftsbildung ist. Aus den Worten dieser wenig bekannten Ansprache in Den Haag kann man auch erahnen, was Rudolf Steiner sich von der Weihnachtstagung erhofft hat. 1924 spricht er davon, daß die Anthroposophie zum Jahrhundertende die Kulmination in ihrer Ausbreitung erreichen soll.

»Ehe nicht … Anthroposophie genommen wird wie ein lebendiges Wesen, das unsichtbar unter uns herumwandelt, und demgegenüber man sich verantwortlich fühlt, ehe kann das Häuflein Anthroposophen nicht als ein Musterhäuflein voranschreiten … Das muß man in jedem Augenblick seines Lebens fühlen, daß man mit der unsichtbaren Wesenheit der Anthroposophie verbündet ist. [...] Anthroposophie wird sicher nicht aus der Welt geschafft. Aber sie könnte für Jahrzehnte und länger, ich möchte sagen, in einen latenten Zustand zurückversinken, und dann später wieder aufgenommen werden. Es wäre aber Ungeheures verloren für die Entwicklung der Menschheit.«[93]

---

92 Ansprache am 18. November 1923 in Haag, Rudolf Steiner und die Zivilisationsaufgaben der Gegenwart – Dornach 1943, Seite 202
93 Dornach, 17. Juni 1923, GA 258, 1959, Seite 183

Ist dieser »latente Zustand« eingetreten und ist Ungeheures für die Menschheit verlorengegangen? Dieser Frage muß man sich heute stellen, ohne daß es sich dabei um »Schuldzuweisungen« handelt.

Ernst Lehrs berichtet, was Rudolf Steiner während einer Nachtfahrt von Dornach nach Stuttgart im Auto aussprach: »Mit der Weihnachtstagung ist die Anthroposophie von einer bisher irdischen zu einer kosmischen Angelegenheit geworden.« Er fügte dem hinzu: Ihre Wirkung auf die Menschheit sei daher nicht mehr davon abhängig, daß sie auf der Erde angenommen wird. Wenn dies nicht geschieht, so würde das zwar für die Zivilisation auf der Erde sehr schmerzliche Folgen haben, für die Menschen selber würde sie dann von einem anderen Orte, zum Beispiel vom Monde her, wirksam werden.[94]

Das Wesen der Weihnachtstagung besteht darin, daß zum erstenmal in der Menschheitsgeschichte ein Bodhisattva, der mit dem Wesen Anthroposophie verbunden ist, in einer irdischen Institution den Vorsitz und die Verantwortung übernommen hat. Nur wenn innerhalb der Anthroposophischen Gesellschaft ein Bewußtsein von dieser Tatsache besteht und die Mitglieder in ihrem Tun dem Wesen Anthroposophie und dem Lehrer der Menschheit sich verantwortlich fühlen, ist sie auf Erden wirksam. Gelingt diese Gemeinschaftsbildung nicht, hat das für die Menschheitsentwicklung schwerwiegende Folgen – was im 20. Jahrhundert schon zu spüren war und ist. Gemeinschaftsbildung kann nicht erzwungen werden. Sie ist nur zu erreichen, indem der einzelne seine eigene Entwicklung zur freien Individualität an denen orientiert, die heute schon das reine Menschentum verwirklichen: den Lehrern der Menschheit.

»Wenn die gegenwärtige Menschheit sich nicht direkt hinaufwen-

---

94 Ernst Lehrs, »Gelebte Erwartung«, Mellinger, Stuttgart 1979, Seite 268

*den kann zu den Bodhisattvas, um mit den geistigen Augen der
Bodhisattvas den Christus anzuschauen, so muß die Menschheit
eben noch bei diesen Bodhisattvas in die Schule gehen, um dasjenige zu lernen, was dann den Christus begreiflich machen
kann.«*[95]

Heute kann die Menschheit sich noch nicht mit ihrem Bewußtsein zu der Sphäre der Bodhisattvas erheben, um mit den geistigen
Augen dieser großen Menschheitslehrer den Christus zu schauen.
Das wird aber in der Zukunft möglich werden, wenn die Impulse,
die der Bodhisattva in unserem Jahrhundert als Anthroposophie
gebracht hat, in genügendem Maße aufgenommen werden. Denn
Anthroposophie ist nicht allein eine Summe von Erkenntnissen,
sondern ein lebendiges Wesen, das als »personifizierte Allweisheit« die höhere Gruppenseele der zwölf Bodhisattvas ist und erst
durch Rudolf Steiner auf Erden gleichsam geboren wurde. Dies
soll hier nochmals hervorgehoben werden, weil dadurch die großen Auseinandersetzungen und Kämpfe, in der das Werk Rudolf
Steiners steht, tiefer verstanden werden können.

---

95   München, 31. August 1909, GA 113

III. Entscheidungen an der Jahrtausendwende

»Die Meister sind nicht ein Schutzwall gegen das Böse,
sondern die Führer zur Absorption des Bösen. Wir sollen
nicht das Böse aussondern, sondern es gerade aufnehmen
und in der Sphäre des Guten verwenden.«
Rudolf Steiner, Notizbucheintragung[96]

Von dem Karma zwischen Geisteslehrer und Schüler

In jeder Epoche ist die Führung der Schüler durch den Geisteslehrer den Bedingungen der jeweiligen Bewußtseinsentwicklung
angepaßt. Der Geisteslehrer muß der übrigen Menschheit in seiner Entwicklung weit voraus sein, um den Weg zu den Höhen der
geistigen Welt zeigen zu können. Die am weitesten fortgeschrit-
tenen menschlichen Individualitäten sind die Bodhisattvas. Sie
sind die Lehrer, die die Schüler auf ihrem Wege begleiten. Sie können die Menschen nur allmählich zur Selbständigkeit und damit
zum Erleben der inneren Freiheit führen. In den ersten Epochen
der nachatlantischen Zeit mußte der Schüler den Lehrer bedin-
gungslos als Autorität anerkennen. Heute ist er Freund und Rat-
geber auf dem inneren Entwicklungsweg. Die einzige Forderung
auf dem modernen Schulungsweg, die jeder Schüler sich jedoch
selbst stellen muß, ist seelisch-geistige Aktivität. Von dem Finden
der Initiative hängt beim Geistesschüler Seelenglück, Gesundheit
und Krankheit ab. Für ihn wirken sich »Unterlassungssünden«,

---

96 Rudolf Steiner, »Zur Geschichte ...«, GA 264, Seite 257

die dadurch hervorgerufen werden, daß in ihm nicht genügend Wachheit und Initiative vorhanden ist, als Hemmnisse aus. Im Mysteriendrama erklingt die Mahnung, die wohl für jeden gilt, der sich auf dem Wege einer inneren Entwicklung befindet:[97]

> Die Kraft, sie fehlt dir nicht
> Zum edlen Geistesflug ...
> Der Mut nur fehlet dir,
> Ins Wollen zu ergiessen
> Die Lebenszuversicht –
> Ins weite Unerkannte
> Zu wagen nur, erkühne dich!

In der Tat: Kraft fehlt den meisten Menschen nicht, sich auf dem meditativen Wege mit der realen, geistigen Welt im Erleben zu verbinden. Es fehlt die Lebenszuversicht, daß der Schüler einmal ein wahrer Mensch wird, der aus den Kräften seines höheren Selbst sein Leben gestaltet. Er muß den Weg der inneren Schulung aus einem Gefühl der Mitverantwortung für die Menschheit gehen wollen, immer wieder – trotz aller Mißerfolge auf dem Schulungsweg. Die Erkenntnis, daß die gegenwärtige Zivilisation untergehen muß, wenn nicht genügend Menschen gewillt sind, durch eine esoterische Entwicklung der Menschheit neue Impulse zu geben, kann ihn in seinen Bemühungen immer wieder neu anspornen. Rudolf Steiner sah seine entscheidende Tat am Anfang des Jahrhunderts darin, Geistesschüler auf diesen Weg der Entwicklung zu bringen. *»Ich will auf die Kraft bauen, die es mir ermöglicht, ›Geistesschüler‹ auf die Bahn der Entwikkelung zu bringen. Das wird meine Inaugurationstat allein bedeuten müssen.«*[98]

---

97 »Prüfung der Seele«, 1. Bild, Worte der Luna
98 Brief vom 16. August 1902 an Hübbe-Schleiden, Briefe II, Dornach 1953

Vorträge aus dem Jahre 1904 enthalten Motive, in denen dargestellt wird, daß der Eingeweihte es als seine Aufgabe ansieht, einen Schülerkreis um sich zu versammeln, der sich zur Bruderschaft bildet. Der Eingeweihte begleitet die einzelnen Schüler in ihrer Entwicklung und »ruht mit seinem Bewußtsein« in dieser Bruderschaft. Hat der Schüler z. B. meditiert, kann der Eingeweihte nachts in den Ätherleib des Schülers hohe Kräfte hineinsenden, so daß der Schüler beim Erwachen diese in seinem Astralleib vorfindet.

Zum Geistesforscher wird der Eingeweihte durch Ausbildung der entsprechenden höheren Fähigkeiten, zum Geisteslehrer wird er berufen durch die Bruderschaft der Lehrer der Menschheit, durch die Bodhisattvas. Mit der Berufung ist die Verpflichtung verbunden, den Schüler in allen Inkarnationen zu begleiten. Zu Walter Johannes Stein sagte Rudolf Steiner: »*Wer immer aus ›Wie erlangt man Erkenntnisse der höheren Welten‹ auch nur eine einzige Zeile gelesen hat, den muß ich durch alle seine folgenden Leben begleiten, um ihm weiterhin zu helfen. Dies ist die Regel, an die ich mich halten muß.*«[99]

In dem Mysteriendrama »Der Hüter der Schwelle« spricht Benedictus diese Verpflichtung an:

> »Ich muß begleiten jeden, der von mir
> Im Erdensein das Geisteslicht empfangen,
> Ob er sich wissend, ob nur unbewußt
> Sich mir als Geistesschüler hat ergeben.
> Und muß die Wege weiter ihn geleiten,
> Die er durch mich im Geist betreten hat.«

Der Lehrer begleitet immer seine Schüler in den Seelenprüfungen, die sich in inneren Erschütterungen vollziehen können. Der

---

[99] Lebenserinnerungen von W. J. Stein – Manuskriptdruck

Schüler selbst bemerkt oft nicht, daß er auf seinem Entwicklungsweg beobachtet wird und daß ihm Schicksalsprüfungen auferlegt werden. Die geistige Führung muß nicht durch Begegnungen auf dem physischen Plan vollzogen werden. Sie wirkt von der geistigen Welt aus, z. B. indem der Schüler einen Satz in einem Buch liest, der ihn in seiner Situation auf Wesentliches aufmerksam machen soll. Die Wirkung, die der Lehrer auf den Schüler ausübt, kann dieser anfangs nicht in der richtigen Weise beurteilen, denn der Lehrer hat Mittel, die sich erst allmählich dem Schüler enthüllen. Den höchsten Wert legt er auf die Ausbildung eines klaren, urteilsfähigen Denkens. In der physischen Welt und in den Gebieten der astralischen Welt, dem Unteren und Oberen Devachan, gilt überall das gleiche Denken, das an der Logik geschult ist. Erst oberhalb dieser drei Welten gilt eine andere, höhere Logik. Nur durch Ausbildung des Urteilsvermögens kann der Schüler Schein von Wirklichkeit, das Wahre vom Unwahren beim Betreten der geistigen Welt unterscheiden. Eine Einweihung ist ohne den Lehrer nicht möglich. So wie ein Kind nur geboren werden kann durch das Zusammenwirken beider Eltern, so kann auch das höhere Selbst im Schüler nur geboren werden durch das »Dualverhältnis« Lehrer – Schüler.

»Das, was in einigen tausend Jahren unser Selbst sein wird, das ist jetzt unser höheres Selbst. Um aber wirklich Bekanntschaft mit dem höheren Selbst zu machen, müssen wir es da suchen, wo es heute schon ist, bei den höheren Individualitäten. Das ist der Verkehr der Schüler mit den Meistern.«[100]

Die Mysteriendramen sind auch beispielhaft für das Lehrer-Schüler-Verhältnis. In ihnen wird darauf hingewiesen, daß es sich bei der Gestalt des Benedictus nicht um eine allegorische Darstellung

---

100   Berlin, 18. Oktober 1905, GA 93 a

handelt, sondern um eine reale, sogar historisch erfaßbare Individualität. Das wird deutlich im 7. Bild »Die Prüfung der Seele«. Einem Mönch (die Maria der späteren Zeit), der das Ordenskleid der Dominikaner trägt, erscheint in einer bestimmten Situation der »Geist des Benedictus« ebenfalls in einem Ordensornat. In der erläuternden Vorbemerkung zu dem 7. Bilde heißt es: ».. . Die Erscheinung des Geistes Benedictus, der etwa fünfzig Jahre vorher verstorben.« Da von diesen Szenen gesagt wird, daß sie Vorgänge aus dem ersten Drittel des 14. Jahrhunderts darstellen, läßt sich das Todesjahr des mittelalterlichen Benedictus, der als des Ordens Zierde bezeichnet wird, bestimmen. Vom ersten Drittel des angegebenen Jahrhunderts zurückgehend, gelangt man in die Zeit, in die der Tod des Thomas von Aquin fällt, in das Jahr 1274.

Benedictus ist vom Verfasser der Mysteriendramen als eine durch die Geschichte gehende Individualität gedacht, welche, die Inkarnationen übergreifend, den gleichen Geistesnamen trägt. In der ägyptischen Zeit war sie der »Höchste Opferweise«, Hierophant und Hüter der Mysteriengeheimnisse dieses Zeitraumes. Im Drama »Der Seelen Erwachen« wird anschaulich, wie Benedictus seine Schüler auch im Leben zwischen Tod und neuer Geburt im Geistgebiet begleitet und mit ihnen verbunden ist. Bis in die höheren Sphären des nachtodlichen Seins hat das Verhalten der Schüler eine Rückwirkung auf den Lehrer.[101]

> Benedictus: »Ihr drückt gewaltig meinen Weltenkreis
> Mit euren dichten erdbeladnen Sphären.
> Wenn ihr den Selbstsinn weiter kraften lässt,
> So findet ihr in diesem Geistessein
> Mein Sonnenwesen nicht in euch erstrahlen.«

---

101 »Der Seelen Erwachen«, 5. Bild

In den Regieanweisungen zu diesem Drama heißt es: »In ›Der Seelen Erwachen‹ ist Benedictus nicht mehr bloß über seinen Schüler stehend zu denken, sondern mit seinem eigenen Seelenschicksale in die Seelenerlebnisse seiner Schüler verwoben.« Dieses Drama ist dreizehn Jahre nach »Die Pforte der Einweihung« zu denken, also 1923. Auf der Weihnachtstagung 1923 hat Rudolf Steiner den Vorsitz in der Anthroposophischen Gesellschaft übernommen und sich mit deren Karma verbunden. Das bedeutete für ihn, wie er selbst sagte, daß er nach der Weihnachtstagung die schauderhaftesten Rückschläge erlebte von Menschen, die in der Gesellschaft aus persönlichen Ambitionen handelten.

»Irgend ein Mensch arbeitet mit in der anthroposophischen Bewegung. Er arbeitet mit; aber er arbeitet in das, was er mitarbeitet persönliche Ambitionen, persönliche Intentionen, persönliche Qualitäten hinein . . . Die meisten wissen nicht, daß sie persönlich sind, die meisten halten das, was sie tun, eben für unpersönlich, weil sie sich selber täuschen über das Persönliche und Unpersönliche . . . Und das wirkt in den wirklich schaudervollsten Rückschlägen heraus aus der geistigen Welt auf denjenigen, der diese Dinge, die aus den Persönlichkeiten hervorquellen, mit hineinzutragen hat in die geistige Welt.« [102]

Mit dem Tode Rudolf Steiners ist hier eine Zäsur eingetreten. Das Lehrer-Schüler-Verhältnis ist davon jedoch nicht berührt, denn dieses ist ein individuelles und behält seine Gültigkeit. Der Lehrer kennt die Individualität des Schülers. Für den Schüler ist das Erkennen der Wesenheit des Lehrers ungleich schwerer. Aber jede Erkenntnis verwandelt den Erkennenden, und jede Erkenntnis verwandelt zugleich das Erkannte. Dieses gilt auch für die Individualität, die im 20. Jahrhundert als Bodhisattva verkörpert war.

---

102   Gedenkrede zum Tode von Edith Maryon, GA 261, Seite 305

Karl-Heinrich M. Uhlenried sagt in seiner Schrift »Rudolf Steiner und die Bodhisattva-Frage«: »Unabhängig davon, zu welcher Einsicht der einzelne dabei gelangt, bleibt die Aufgabe, die besten Kräfte unseres Denkens an die Erörterung der Bodhisattva-Frage zu wenden, denn: Nur durch die Erkenntnis des Wesens der Bodhisattvas steigt man auf zu der Erkenntnis, was der Christus für die Menschheit gewesen ist, sein kann und fortwährend sein wird.«[103]

In diesem Sinne sehe ich alle Bemühungen, sich mit der Bodhisattva-Frage auseinanderzusetzen. Im Vorwort habe ich Adolf Arenson zitiert, der davor warnt, den Bodhisattva in unserem Jahrhundert nicht zu erkennen. Er – und viele andere – vertreten die Anschauung:[104] »Ein Bodhisattva ist nicht etwa ein hoch entwickelter Mensch, sondern ein Bodhisattva ist eine hohe geistige Wesenheit, die niemals so wie wir auf Erden gewandelt ist – und auch nicht etwa wie der Christus, der ja real in den Hüllen des Jesus wohnte.« Seine Auffassung beschreibt er in dem oben genannten Vortrag: »Nun ist es außerordentlich irreführend, daß sehr häufig Rudolf Steiner denjenigen Menschen, durch den der Bodhisattva sich äußert, einfach den Bodhisattva nennt. Er folgt hier dem orientalischen Sprachgebrauch. So z. B. spricht er häufig von dem ›wiederverkörperten‹ Bodhisattva. [. . .] Ich sage nicht: Rudolf Steiner ist der Bodhisattva des 20. Jahrhunderts. Denn diese hohe Wesenheit, die zu der Gemeinschaft des Heiligen Geistes gehört, war niemals in einem Menschen verkörpert. Er, der Bodhisattva beseelte, er inspirierte denjenigen Menschen, den er zu seinem Werkzeug ausersehen. – Ich sage auch nicht: Rudolf Steiner ist der wiederverkörperte Jeshu ben Pandira; und auch nicht, daß er in 3000 Jahren der Maitreya-Buddha sein wird. Alles das sage ich nicht . . . Rudolf Steiner ist diejenige Persönlichkeit

103 Karl-Heinrich M. Uhlenried, »Rudolf Steiner und die Bodhisattva-Frage«, Verlag Uhlenpress, Freiburg, 2. Aufl. 1995
104 Siehe Anmerkung 1

gewesen, die von dem Bodhisattva des 20. Jahrhunderts inspiriert wurde ...«

Rudolf Steiner führt jedoch aus, daß die Bodhisattvas sich als menschliche Persönlichkeiten in einem physischen Leibe auf der Erde verkörpern:

»Das Ereignis, daß eine einmalige Inkarnation im Fleische eintritt, gilt nur für den Christus-Jesus. Alle Bodhisattvas machen verschiedene Inkarnationen auf dem physischen Plan durch.«[105]

»Bodhisattva« ist eine Würde, die einem Menschen übertragen wird, der eine ganz bestimmte Aufgabe hat und der sich schneller entwickelt als die übrige Menschheit. Daß hinter der menschlichen Individualität die Bruderschaft der Lehrer der Menschheit steht und damit inspirierend »der Bodhisattva«, die Wesenheit des Heiligen Geistes, wurde in dieser Schrift ausgeführt. Der »Bodhisattva des 20. Jahrhunderts« ist jedoch eine menschliche Individualität, denn von dem Nachfolger des Gautama Buddha wird gesagt:

»Dieser nächste Bodhisattva wird nun immer als Mensch, als hervorragender Mensch erscheinen, bis er selber zur Buddha-Würde aufsteigt.«[106]

Ich habe in meinen Ausführungen versucht deutlich zu machen, wie in dieser Individualität »drei Aspekte« zusammenwirken. Das Wesen der Lehrer der Menschheit kann nur verstanden werden, wenn berücksichtigt wird, daß diese selbst von der Menschheitsentwicklung abhängig sind. Denn im Laufe der Evolution wird die Führung der Menschheit immer mehr in die Freiheit und Fä-

---

105   Karlsruhe, 14. Oktober 1911, GA 131
106   Berlin, 23. Oktober 1911, GA 133

higkeit der sich nun entwickelnden Menschheitsführer gelegt. Sie sind, um ihre Fähigkeiten entfalten zu können, angewiesen auf die menschliche Organisation, die von Zeitalter zu Zeitalter sich wandelt. So hat z. B. in der griechischen Kulturepoche der Bodhisattva noch nicht in der Form des reinen Gedankens zu den Menschen sprechen können.

»Das ist gerade die Aufgabe unserer fünften nachatlantischen Kulturperiode: den Menschen in bezug auf seine physische Organisation nach und nach als ein Werkzeug so zu gestalten, daß in immer reineren Gedanken auch diejenigen Wahrheiten herunterfließen können, die zu anderen Zeiten in ganz anderen Formen als in die Form des reinen Gedankens gefaßt wurden. [...] Ich habe schon öfter betont: Wer die Anthroposophie wirklich versteht und sich nicht auf einen dogmatischen Standpunkt stellt, der wird nicht glauben, daß die Form, in welcher Anthroposophie heute ausgesprochen wird, eine ewige sei, die so bleiben könnte für die ganze zukünftige Menschheit. Das ist nicht der Fall. Nach 2500 Jahren werden dieselben Wahrheiten nicht in diesen Formen mehr verkündet werden können ... Das heißt aber, daß die großen Lehrer der Menschheit selber Entwicklungen durchmachen müssen, von Zyklus zu Zyklus, von Lebensalter zu Lebensalter. So finden wir die Zyklen, welche die Menschheit durchmacht, und wir finden, gleichsam darüberstehend, eine fortschreitende Entwicklung der großen Lehrer der Menschheit. Und wie der Mensch gewisse Stufen durchmacht, in denen er gewissermaßen an Wendepunkte kommt, so machen auch diese großen Lehrer gewisse Stufen der Entwicklung durch, in denen sie zu Wendepunkten kommen.« [107]

Es besteht ein großer Unterschied zwischen dem Wirken der Bo-

---

107   Berlin, 25. Oktober 1909, GA 116

dhisattvas und dem Wirken der Christus-Wesenheit auf Erden. Die Bodhisattvas haben von Zeitalter zu Zeitalter menschliche Fähigkeiten der Leiblichkeit einzuprägen, die im Laufe der Zeit auch von der übrigen Menschheit ausgebildet werden können. Dadurch, daß der Christus als eine Wesenheit, die über allen Hierarchien steht, sich in einem menschlichen Leibe verkörperte, schuf er die ganze menschliche Wesenheit um. Er machte möglich, daß die großen Lehrer selbst ihre Leiblichkeit nun anders ergreifen und so in unserer Zeit anders wirken können als zu der Zeit, in der der Gautama Buddha auf Erden lebte.

Rudolf Steiner führt dann am Schluß des eben erwähnten Vortrages aus: ». . . *Der Christus, der auf der Erde gelebt hat, hat dieser Erdenentwicklung einen solchen Impuls gebracht, daß die Bodhisattvas vorzubereiten hatten die Menschheit für diesen Impuls und auch wieder auszubauen haben, was der Christus der Erdenentwicklung gibt. Das nimmt sich wie ein Bild auf der Erde aus: Der Christus in der Mitte der Erdenentwicklung, die Bodhisattvas als seine Vorboten und seine Nachfolger, die seine Arbeit der Menschheit wiederum nahezubringen haben . . . Und erst wenn der letzte zum Christus gehörige Bodhisattva seine Arbeit getan haben wird, wird die Menschheit empfinden, was der Christus ist; dann wird sie von einem Willen beseelt sein, in dem der Christus selber lebt.«*

Der gegenwärtige Lehrer der Menschheit hat die Würde, Bodhisattva zu sein, mit Beginn der vierten Kulturepoche übernommen. Er hat die Menschheit 5000 Jahre zu führen, durch den ganzen fünften Zeitraum, bis er aufsteigt zum Maitreya Buddha im ersten Drittel der sechsten Kulturepoche.

Rudolf Steiner und die Auseinandersetzungen am Ende des Jahrhunderts

Zu den bedeutenden Forschungsergebnissen, die Rudolf Steiner der Menschheit für unsere Gegenwart hinterließ, gehören die über die großen Auseinandersetzungen an der Jahrtausendwende. In einer bis dahin nicht dagewesenen Art greift das Böse in die Seelenschicksale der Menschen ein. Das Böse, das den Christus-Impuls mit aller Macht bekämpft, wird in der Apokalypse des Johannes mit der Zahl des Tieres 666 – Sorat – bezeichnet. Im Zeitenrhythmus von 666 Jahren wird das Eingreifen Sorats an Knotenpunkten der geschichtlichen Entwicklung jedesmal verstärkt erlebbar.

»Wir haben jetzt bevorstehend das Zeitalter der dritten 666: 1998. Zum Ende dieses Jahrhunderts kommen wir zu dem Zeitpunkt, wo Sorat wiederum aus den Fluten der Evolution am stärksten sein Haupt erheben wird, wo er sein wird der Widersacher jenes Anblickes des Christus, den die dazu vorbereiteten Menschen schon in der ersten Hälfte des 20. Jahrhunderts haben werden durch die Sichtbarwerdung des ätherischen Christus ... Es wird nur noch zwei Drittel des Jahrhunderts dauern, bis Sorat in mächtiger Weise sein Haupt erheben wird ... Und noch vor Ablauf dieses Jahrhunderts wird er sich zeigen, indem er in zahlreichen Menschen auftreten wird als diejenige Wesenheit, von der sie besessen sind. Man wird Menschen heraufkommen sehen, von denen man nicht wird glauben können, daß sie wirkliche Menschen seien. Sie werden sich in einer eigentümlichen Weise auch äußerlich entwickeln. Sie werden äußerlich intensive starke Naturen sein mit wütigen Zügen, Zerstörungswut in ihren Emotionen ... Sie werden in der furchtbarsten Weise nicht nur alles verspotten, sondern alles bekämpfen und in den Pfuhl stoßen wollen, was geistiger Art ist ... Darum ist es so wichtig, daß alles, was nach Spiri-

tualität streben kann, das auch wirklich tut. Denn das, was der Spiritualität widerstrebt, das wird dasein, denn das arbeitet sozusagen nicht unter der Freiheit, sondern unter der Determination. Diese Determination geht dahin, daß am Ende dieses Jahrhunderts Sorat wieder los sein wird und daß das Streben alles Geistige hinwegzufegen, in den Absichten einer großen Anzahl von Erdenseelen sitzen wird, wie es prophetisch der Apokalyptiker vorausschaut . . .« [108]

Es ist die Aufgabe des gegenwärtigen Bewußtseinsseelenzeitalters, dem Bösen »Auge in Auge« gegenüberzustehen, sein Wirken in der geschichtlichen Entwicklung und in dem eigenen Seelenschicksal zu erleben und zu erkennen. Was bedeutet, daß Sorat am Ende des Jahrhunderts wieder los sein wird? Sorat ist der größte ahrimanische Dämon in unserem Sonnensystem. Während Christus, der gute Genius der Sonne, sich mit dem Schicksal der Erde und dem Schicksal eines jeden Menschen verbunden hat, ist es der Wille Sorats, die Erlösungstat des Christus für die Menschheit unwirksam zu machen. Sorat verkörpert sich nicht auf Erden – wie Ahriman – in einem physischen Leibe, sondern erscheint in ätherischer Gestalt, dem Christus zum Verwechseln ähnlich. Er ist der eigentliche Gegner des Christus, der Antichrist.

»Es gibt westliche Brüderschaften, welche das Bestreben haben, dem Christus seinen Impuls streitig zu machen und eine andere Individualität, die nicht einmal irgendwann im Fleische erschienen ist, sondern nur eine ätherische Individualität, aber streng ahrimanischer Natur ist, an die Stelle zu setzen . . . Das ist ein ganz realer Kampf . . . der sich eigentlich darauf bezieht, eine andere Wesenheit an die Stelle der Christus-Wesenheit im Verlaufe der Menschheitsentwicklung für den Rest der fünften nachatlanti-

---

108   Dornach, 12. September 1924, GA 346

schen Zeit, für die sechste und für die siebente zu setzen. *Es wird
zu den Aufgaben einer gesunden, einer ehrlichen spirituellen Entwicklung gehören, solche Bestrebungen, die im eminentesten Sinne antichristlich sind, solche Bestrebungen zu vertilgen, wegzu-
schaffen. Aber nur klare Einsicht kann da etwas erreichen. Denn
das andere Wesen, das die Brüderschaften zum Herrscher machen
wollen, dieses andere Wesen, das werden die ja als den ›Christus‹
benennen, richtig als den ›Christus‹ benennen! Und worauf es an-
kommen wird, das wird sein, daß man wirklich unterscheiden
lernt zwischen dem wahren Christus, der ja auch jetzt, wie er erscheinen wird, nicht eine im Fleische verkörperte Individualität
ist, und zwischen diesem Wesen, das sich von dem wahren Christus dadurch unterscheidet, daß es eben nie während der Erdenentwicklung verkörpert war, das ein Wesen ist, welches nur bis zu
der ätherischen Verkörperung geht und das von diesen Brüderschaften eingesetzt werden soll, an Stelle des Christus, der unver-
merkt vorübergehen soll.«*[109]

Friedrich Rittelmeyer soll Rudolf Steiner gefragt haben, wie diese übersinnlichen Erscheinungen zu unterscheiden sind. Rudolf
Steiners Antwort war: Christus ist Selbstlosigkeit. – Die okkulten Brüderschaften erreichen ihre eigennützigen Ziele, indem
sie zu den Toten, die ihrer Loge angehört haben, durch zeremo-
nielle Magie eine unrechtmäßige Verbindung herstellen. Diese
bannen sie an die Erde und verstärken dadurch die Einflußsphä-
re der ätherischen Wesenheit, die die Widersachermacht des
Christus ist. Darüber hat Rudolf Steiner ausführlich gesprochen.[110]
   Um in der rechten Weise die Prüfungen in unserer Zeit bestehen zu können, wies Rudolf Steiner auf drei Mysterien hin, die in

109 Dornach, 18. November 1917, GA 178
110 Dornach, 20. Januar 1917, GA 174

unserem Bewußtsein leben müssen: das Christus-Mysterium, das Sorat-Mysterium und das Michael-Mysterium. Ein Aspekt des Michael-Mysteriums soll im Hinblick auf das Thema dieser Schrift angedeutet werden. Michaels Aufgabe unter den Hierarchien war seit Urzeiten, die kosmische Intelligenz zu »verwalten«. Diese Verwaltung bestand darin, daß er den Weltenplan – nachdem die Hierarchien miteinander wirken und in welcher Folge – in seinem Bewußtsein trug. Bei seinem Herabstieg zur Erde nahm der Christus die kosmische Intelligenz mit. Aus Michaels Wesen ertönten Worte, von denen Rudolf Steiner sagt, daß sie »gewaltig« ertönten: »*Was die Kraft meines Reiches war, was von hier aus durch mich verwaltet worden ist, es ist nicht mehr hier; es muß dort unten auf der Erde weiterströmen und -wellen und -wogen!*«[111] Die kosmische Intelligenz wurde auf der Erde in den Epochen der Gedankenentwicklung immer mehr zur Eigenintelligenz des Menschen. Michael ist der unmittelbare Diener Christi. Es ist sein tiefstes Anliegen, daß der Mensch die Eigenintelligenz so ausbildet, daß er dadurch sich selbst, das Wirken geistiger Wesen und den Christus erkennt.

Darum müssen genügend Menschen spirituelle Gedanken so lebendig erleben, damit geistige Wesen ihre Taten in diesem Denken in begrifflicher Art anschauen können. Denn wie der Mensch ein Gehirn braucht, um ein Bewußtsein zu entwickeln, so brauchen die geistigen Wesen spirituelle Gedanken des Menschen.[112] Rudolf Steiner konnte in »Die Geheimwissenschaft im Umriß« schildern, wie die Hierarchien in der Weltentwicklung nacheinander und miteinander eingreifen. Durch seine Forschungsergebnisse hat er die kosmische Intelligenz, die Michael entfallen ist, ihm wieder zurückgegeben. Nicht kalte intellektuelle Gedanken können das sein, sondern sie müssen mit den Herzenskräften gedacht

111   Arnheim, 19. Juli 1924, GA 240
112   Berlin, 5. November 1912, GA 141, 1983, Seite 20

werden, mit Hingabe und innerer Begeisterung für die Größe und Erhabenheit des Wirkens der Hierarchien.

»Die Herzen beginnen, Gedanken zu haben; die Begeisterung entströmt nicht mehr bloß mystischem Dunkel, sondern gedankengetragener Seelenklarheit. Dies verstehen heißt, Michael in sein Gemüt aufnehmen. Gedanken, die heute nach dem Erfassen des Geistigen trachten, müssen Herzen entstammen, die für Michael als den feurigen Gedankenfürsten des Weltalls schlagen.«[113]

Es ist das Bestreben Ahrimans, diese Michael entfallene Intelligenz an sich zu reißen, um dadurch zu dem intelligentesten Wesen des Weltalls zu werden. Die Kämpfe, die noch zu bestehen sein werden, sind ein Ausdruck des Gegensatzes zwischen Ahriman und Michael – dem herrschenden Materialismus und der anthroposophisch orientierten Geisteswissenschaft. Um den Menschen immer mehr mit dem Materialismus zu verbinden und ihn von der Spiritualität abzuhalten, tritt an der Jahrhundertwende nicht nur die Sorat-Wesenheit auf, sondern die Inkarnation Ahrimans in der westlichen Welt. Die Inkarnation Ahrimans kann kein Eingeweihter verhindern, sie wird kommen. Ahriman, der Vater der Täuschung, wird den Zeitpunkt seiner Inkarnation verschleiern wollen. Er braucht, um seine Absichten zu realisieren, eine schlafende Menschheit. Über den Zeitpunkt der Inkarnation Ahrimans finden sich zwei wesentliche Angaben:

»Und ebenso wie es gegeben hat eine fleischliche Inkarnation Luzifers, so wird es, ehe auch nur ein Teil des dritten Jahrtausends der nachchristlichen Zeit abgelaufen sein wird, geben im Westen eine wirkliche Inkarnation Ahrimans.«[114]

---

113 Anthroposophische Leitsätze, Im Anbruch des Michael-Zeitalters, GA 26
114 Dornach, 1. November 1919, GA 191

Schon im Jahre 2001 ist ein Teil des dritten Jahrtausends abgelaufen. Der zweite Hinweis findet sich in einem anderen Vortrag: *».. . wie es die Christus-Inkarnation gegeben hat zur Zeit des Mysteriums von Golgatha, so wird es einige Zeit nach unserem jetzigen Erdendasein, etwa auch im 3. nachchristlichen Jahrtausend, eine westliche Inkarnation des Wesens Ahriman geben.«*[115] Die Worte, »etwa auch im 3. nachchristlichen Jahrtausend«, im Zusammenhang mit vorher Ausgesprochenem weisen meiner Ansicht nach darauf hin, daß die Inkarnation um die Jahrhundertwende geschehen wird und nicht, wie in Veröffentlichungen dargestellt, erst gegen Ende des dritten Jahrtausends.[116] Es wäre eine große Tragik, wenn die Menschen, die bewußt dieser Inkarnation entgegengehen sollten, sie verschliefen. Der Gedanke, weil Luzifer sich zu Beginn des dritten vorchristlichen Jahrtausends verkörpert hat, müßte die Inkarnation Ahrimans als Spiegelung gegen Ende des dritten nachchristlichen Jahrtausends erfolgen, geht aus den Vorträgen bei genauer Prüfung nicht hervor und könnte dem »Verschlafen« dieses Ereignisses Vorschub leisten. Ahriman inkorporiert sich (diese genauere Angabe gibt Rudolf Steiner in seinen Vorträgen 1924) in eine überaus intelligente, überragende, menschliche Persönlichkeit. Er wird versuchen die Geistesfelder zu besetzen, die von Rudolf Steiner inauguriert worden sind. Ahriman wird eine Geheimschule gründen, in der er durch »grandiose Zauberkünste« Menschen ohne Mühe hellsichtig macht. Es wird gesagt, daß viele Menschen dieses wollen. Sie werden in wunderschönen Farben hellsichtig etwas wahrnehmen, was jedoch auf einer Täuschung beruht. Um eine Art »Bauchhellsehen«, ausgelöst durch eine Lockerung des Ätherleibes in der Region des Stoffwechsels, wird es sich handeln.[117]

115 Zürich, 27. Oktober 1919, GA 193, 1989, Seite 165
116 Frank Berger (Hg.), Ahriman, Profil einer Weltmacht. Urachhaus 1996
117 Berlin, 2. März 1915, GA 157

Der Kampf mit Ahriman, der ein hohes Geistwesen ist, kann nur von Menschen auf dem Feld des Bewußtseins ausgetragen werden. Dieses wird in den Entwürfen zu den Mysteriendramen dargestellt.

Benedictus: »Wie oft noch werde ich diesen Ort wohl noch
        betreten müssen, in sorgenvoller Seele die
        Ungewißheit bergend, ob Sieg oder Untergang
        meinem Wollen auferlegt. Für Euch, Ihr
        Geister des Weltenlaufs, zu kämpfen,
        ist mein Los. Ihr, die Ihr der Erde wahre
        Sendung Eurem Wesen einverleibt. So oft
        ich diese Schwelle überschritt, hofft ich, daß
        Euer Sieg entschieden sei über die Wesen,
        denen Erdendasein wertlos ist . . .«

Ahriman: ». . . Drüben im Erdenreich scheinen
        Gründe zu entscheiden, welche Erkenntnis
        braut. Hier stehst du, Geist gegen Geist . . .«

Zum Schicksal des Geisteslehrers gehört es, gegen Ahriman und für die Geister des Weltenlaufs, Wesenheiten der Exusiai, zu kämpfen. Der Geisteslehrer führt die Auseinandersetzung mit der Kraft seines Denkens, denn der Intellekt ist das Feld, auf welchem der Christus-Impuls mit Ahriman zusammentrifft. Im fünfzehnten Bild des Mysteriendramas »Der Seelen Erwachen« wird Ahriman in seinem Wesen charakterisiert.

Benedictus: »Wer du auch seist, dem Guten dienst du nur,
        Wenn du in dir nicht selber streben willst,
        Wenn du im Menschendenken dich verlierst
        Und so im Weltenwerden neu erstehst.«

Ahriman: »Es ist jetzt Zeit, daß ich aus seinem Kreise
        Mich schnellstens wende; denn sobald sein Schauen
        Mich auch in meiner Wahrheit *denken* kann,
        Erschafft sich mir in seinem Denken bald
        Ein Teil der Kraft, die langsam mich vernichtet.«

Benedictus: »... Er strebt das Menschendenken zu verwirren,
        Weil er in ihm die Quellen seiner Leiden
        Durch einen altvererbten Irrtum sucht.
        Er weiß noch nicht, daß ihm Erlösung nur
        In Zukunft werden kann, wenn er sein Wesen
        Im Spiegel dieses Denkens wiederfindet.
        So zeigt er sich den Menschen wohl; doch nicht
        Wie er in Wahrheit wesenhaft sich fühlt ...«

Die Frage ist: Gibt es genügend Michael-Schüler, die die Fähigkeit haben, Ahriman in seinem Wesen zu erkennen? – Drei Mächte des Bösen gilt es zu unterscheiden: Luzifer, Ahriman und die Asuras. Die Scharen, die Luzifer dienen, sind in der Mondenentwicklung zurückgebliebene Angeloi. Luzifer hat dem Menschen das niedere Ich beigegeben, damit das Hinaufarbeiten zum höheren Ich des Menschen ureigenste Tat sein kann. Die Macht, vor der Luzifer sich zurückzieht, ist Moralität. Wesen, die Ahriman dienen, sind in der Sonnenentwicklung zurückgebliebene Archangeloi. Sie wirken im Ätherleib und damit im Denken des Menschen. Ahriman gehört einer höheren Hierarchie an. Die asurischen Mächte stehen noch einen Grad tiefer im Bösen als die ahrimanischen Wesenheiten. Die Asuras sind während der Saturn-Entwicklung zurückgebliebene Archai. Sie wirken auf die Ich-Organisation des physischen Leibes, auf das Ich innerhalb der Bewußtseinsseele. Sorat wird in einem bestimmten Zusammenhang als der größte ahrimanische Dämon unseres Sonnensystems bezeichnet. Die Übergänge von den ahrimanischen Mächten zu den asurischen sind jedoch fließend. So tragen die von Sorat besessenen Menschen in ihrer Zerstörungswut asurische Züge. Luzifer griff ein am Ende der lemurischen Zeit, Ahriman in der Mitte der atlantischen Zeit, die asurischen Mächte erst in der Gegenwart. Das Böse erreicht in unserer Zeit eine Kulmination in der bisherigen Erdenwirksamkeit.

Hier waltet aber ein großes Geheimnis, das Rudolf Steiner erst in unserer Zeit enthüllen durfte. Die Bewußtseinsseele kann sich nur dadurch entfalten, daß im Unterbewußtsein eines jeden Menschen die Neigung zum Bösen und damit zu jedem erdenklichen Verbrechen eingepflanzt wird. Ob diese Neigung dann zu einer bösen Handlung führt, das hängt nicht von dieser Neigung ab, sondern von den Umständen und von der Stärke und Moralität der einzelnen Persönlichkeit. Erst durch diese unterbewußte Versuchung und durch die Auseinandersetzung mit dem Bösen entsteht in der Bewußtseinsseele die Sehnsucht nach Spiritualität in der Stärke, die die Voraussetzung ist, um die Menschenseele mit der geistigen Welt zu verbinden.

Indem luziferische, ahrimanische und asurische Mächte am Jahrhundertende auftreten, ergibt sich das Bild einer gewaltigen Massierung der Gegenmächte. Wird es möglich sein, der vereinten Willenswirkung der Widersacher die Kräfte einer weißen Magie entgegenzustellen? Die Kräfte einer »weißen Magie« muß sich der Mensch erringen in inneren Kämpfen. Durch diese wird die Seele – wie es einmal heißt – mit der geistigen Welt wie »zusammengeschweißt«. Das geschieht jedoch nur durch Ertragen von inneren Leiden, denn nur aus Schmerzen und Leiden reift eine Erkenntnis heran, die sich genügend tief mit dem Selbst verbindet. Nur am Gegenpol kann der Mensch die Spiritualität mit der Intensität entwickeln, die ihn reif macht, die geistige Welt in der Realität zu erleben.

»Alles liegt heute an der Einsicht, daß es auf den Geist ankommt,

der innerhalb der europäisch-amerikanischen Kultur verborgen ist, den man flieht, den man aus Bequemlichkeit nicht haben will, der aber doch einzig und allein die Menschheit zu Aufgangskräften führen kann. Man möchte sich eben den Nebel vor die Augen machen, indem man sich immer wieder und wiederum sagen will: Es werden schon die Zeiten von selber besser werden. – Nein, die Stunde der großen Entscheidungen ist da. Entweder werden sich die Menschen entschließen, die Spiritualität zu heben, von der ich eben gesprochen habe, oder der Untergang des Abendlandes ist sicher. Kein Hoffen, kein fatalistisches Ersehnen eines von selbst kommenden Besseren kann helfen. Die Menschheit ist einmal in die Epoche der freien Benützung ihrer Kräfte eingetreten, und die Menschheit muß diese freien Kräfte wirklich handhaben. Das heißt, die Menschheit muß selber entscheiden, ob sie die Spiritualität haben will oder ob sie sie nicht haben will. Wird sie sie haben wollen, dann wird ein Fortschritt der Menschheit möglich sein. Wird sie sie nicht haben wollen, dann ist der Untergang des Abendlandes besiegelt, dann wird unter den furchtbarsten Katastrophen eine ganz andere Fortentwicklung der Menschheit stattfinden müssen, als sich viele heute träumen lassen.«[118]

Rudolf Steiner hat einmal ausgesprochen, daß die Menschen gar nicht ahnen, welche Verantwortung er vor der geistigen Welt zu tragen hat. Wie hat Rudolf Steiner darum gerungen, daß die Menschheit die spirituellen Erkenntnisse, die er zu bringen hat, aufnimmt und nicht achtlos an dem Großen, das in unserer Zeit sich vollzieht, vorübergeht. Die großen Entscheidungen bahnten sich während seiner Lebenszeit an, die Weichen für die Zukunftsentwicklung werden jedoch an der Jahrtausendwende gestellt. Der gegenwärtige Lehrer der Menschheit hat sich auf diese Entscheidungszeit seit langem vorbereitet. Dazu gehört auch, daß er

---

118   Christiana (Oslo), 24. 11. 1921, GA 209

eine »unverbrüchliche Abmachung« getroffen hat mit einer bedeutenden Persönlichkeit, die im Mittelalter als der Führer der
platonischen Strömung aufgetreten ist und in Chartres gewirkt
hat, Alanus ab Insulis.

*»Und nach dieser Abmachung muß aus dem, was anthroposo-
phische Bewegung ist, etwas hervorgehen, was seine Vollendung
vor dem Ablauf dieses Jahrhunderts finden muß. Denn über der
Anthroposophischen Gesellschaft schwebt ein Schicksal: das
Schicksal, daß viele von denjenigen, die heute in der Anthroposophischen Gesellschaft sind, bis zu dem Ablaufe des 20. Jahrhunderts wieder herunterkommen müssen auf die Erde, dann aber
vereinigt mit jenen auch, die entweder selbst führend waren in der
Schule von Chartres oder die Schüler von Chartres waren. So daß
vor dem Ablaufe des 20. Jahrhunderts, wenn die Zivilisation nicht
in die völlige Dekadenz kommen soll, auf der Erde die Platoniker
von Chartres und die späteren Aristoteliker zusammen wirken
müssen ... Daß das eintrete, dürfen sich die Menschen des
20. Jahrhunderts nicht verscherzen! Da aber alles heute vom frei-
en Willen abhängt, so hängt, daß dies eintrete – namentlich ob die
miteinander verbündeten Parteien herabsteigen können zur Wie-
derspiritualisierung der Kultur im 20. Jahrhundert –, auch davon
ab, ob die Anthroposophische Gesellschaft versteht, im rechten
Sinne hingebend Anthroposophie zu pflegen.«*[119]

Zu der Anthroposophie, die durch Erkenntnis den ganzen Menschen ergreifen kann, verhalten sich die Verstandeskräfte zunächst ablehnend. »Allein, was geschehen soll, wird geschehen,
trotz aller zeitweiligen Ablehnung.« In dem Kapitel »Gegenwart
und Zukunft der Welt- und Menschheitsentwicklung« in »Die
Geheimwissenschaft im Umriß« wird etwas ausgesprochen, was

---

119   Arnheim, 18. Juli 1924, GA 240

eine große Zuversicht in die Zukunftsentwicklung der Menschheit geben kann: Die Anthroposophie, die als das »verborgene Wissen vom Gral« bezeichnet wird, wird offenbar werden; sie wird als eine innere Kraft der Lebensäußerungen der Menschen immer mehr durchdringen. Das ist eine bedeutsame Aussage. Diese Zuversicht ist begründet in dem Wirken der großen Eingeweihten. Sie werden in diesem Zusammenhang als die »Eingeweihten des Grals« bezeichnet, weil das Christus-Geheimnis in der Mitte der neuzeitlichen Einweihung lebt. Das Ziel ihres Wirkens ist es, daß die höchste moralische Kraft, die Kraft der Liebe, sich im Menschen entwickelt.

»Im Menschen der Erde muß diese Kraft der Liebe ihren Anfang nehmen. Und der ›Kosmos der Weisheit‹ entwickelt sich in einen ›Kosmos der Liebe‹ hinein. Aus alledem, was das ›Ich‹ in sich entfalten kann, soll Liebe werden. Als das umfassende ›Vorbild der Liebe‹ stellt sich bei seiner Offenbarung das hohe Sonnenwesen dar, welches bei der Schilderung der Christus-Entwicklung gekennzeichnet werden konnte. In das Innerste des menschlichen Wesenskernes ist damit der Keim der Liebe gesenkt. Und von da aus soll er in die ganze Entwickelung einströmen . . . Das ist das Geheimnis aller Entwickelung in die Zukunft hinein: daß die Erkenntnis, daß auch alles, was der Mensch vollbringt aus dem wahren Verständnis der Entwickelung heraus eine Aussaat ist, die als Liebe reifen muß. Und so viel als Kraft der Liebe entsteht, so viel Schöpferisches wird für die Zukunft geleistet . . . Geistige Erkenntnis wandelt sich durch das, was sie ist, in Liebe um . . . Die ›Weisheit der Außenwelt‹ wird, von dem Erdenzustande an, innere Weisheit im Menschen. Und wenn sie da verinnerlicht ist, wird sie Keim der Liebe. Weisheit ist die Vorbedingung der Liebe; Liebe ist das Ergebnis der im ›Ich‹ wiedergeborenen Weisheit.«

Die Anthroposophie ist die Wiedergeburt der Weisheit im Ich

durch die Erkenntnis des Menschen und der Weltzusammenhänge. Um die Anthroposophie bringen zu können, bildet der Menschheitslehrer in vielen Erdenleben Fähigkeiten aus, die letztlich zu magisch-moralischen Kräften werden. Zu diesen Fähigkeiten gehört die Ausbildung der Aufmerksamkeit auf alle Vorgänge der Welt, von der er sagte, daß man diese ins Unermeßliche steigern kann. Auch gehört dazu die Gelassenheit dem Schicksal gegenüber. Bei dem Brand des ersten Goetheanums konnte dieses erlebt werden. Rudolf Steiner hat in einem Zeitraum – und zwar in dem entscheidenden der ganzen Erdenentwicklung – die Menschheit zu führen.

»Ein Bringer des Guten wird er sein, und zwar aus dem Grunde, weil er – und das können die sehen, die hellsichtig genug sind – es in strengster Selbsterziehung erlangt, jene Kräfte in äußerster Weise auszubilden, die magisch-moralische Kräfte hervorgehen lassen derart, daß er imstande sein wird, durch das Wort selbst Gemütsbewegung und Moral in die Seelen zu übertragen. Wir können heute auf dem physischen Plane noch keine Worte entwickeln, die dazu imstande wären. Auch der Maitreya-Buddha könnte das heute nicht, solche magische Worte bilden. Heute kann durch das Wort nur der Gedanke übertragen werden.
Wie bereitet er sich vor? Indem er vor allen Dingen diese Eigenschaften, welche die guten genannt werden, in allerhöchstem Maße entwickelt. Der Bodhisattva entwickelt in höchstem Grade das, was man Ergebenheit, Gelassenheit dem Schicksal gegenüber, Aufmerksamkeit auf alle Vorgänge unserer Umgebung, Hingabe an alle Wesen und Einsicht nennen kann.«[120]

Im Zeitalter der Freiheit kann sich ein Lehrer der Menschheit nur an die Erkenntnis des Menschen wenden. Er ist darauf angewie-

---

120 Leipzig, 5. November 1911, GA 130, 1987, Seite 135

sen, daß diese Erkenntnisse aufgegriffen werden. Noch einmal sei angeführt, was Rudolf Steiner im August 1923 in Penmaenmawr sagte:[121]

Heute ist es nicht so, ». . . *daß etwa die Menschen auf den Bodhisattva zu warten hätten, sondern daß der Bodhisattva warten muß auf das Verständnis, das ihm die Menschheit entgegenbringt, bevor er ihr in seiner Sprache sprechen kann; denn die Menschheit ist in die Epoche der Freiheit eingezogen.«*

Rudolf Steiner hat in einem Wahrspruch die Bitte ausgesprochen, daß es allen Menschen gelingen möge, in ihren Erdeninkarnationen das Geisteslicht zu schauen, das von den großen Lehrern der Menschheit ausgeht.

>»Es leuchten gleich Sternen
>Am Himmel des ewigen Seins
>Die gottgesandten Geister.
>Gelingen mög' es allen Menschenseelen,
>Im Reich des Erdenwerdens
>Zu schauen ihrer Flammen Licht.«

---

121 Penmaenmawr, 29. August 1923, GA 227, 1960, Seite 215/216